4 bis 7 Jahre

Gabriela Rosenwald

Das Gartenjahr im Kindergarten

Mit kreativen Ideen durch alle Jahreszeiten

Lernen mit Erfolg
KOHL VERLAG

www.kohlverlag.de

Nutzen Sie unseren bequemen Onlineshop!

• Ausführliche Informationen
• Aussagekräftige Leseproben
• Schnäppchen & besondere Angebote

www.kohlverlag.de

Das Gartenjahr im Kindergarten
Mit kreativen Ideen durch alle Jahreszeiten

1. Auflage 2019

© Kohl-Verlag, Kerpen 2019
Alle Rechte vorbehalten.

Inhalt: Gabriela Rosenwald
Umschlagbilder: © tverdohlib, Vitalinka, Image'In & Sergiy Bykhunenko - AdobeStock.com
Redaktion, Grafik & Satz: Eva-Maria Noack & Kohl-Verlag
Druck: Druckhaus DOC GmbH, Kerpen

Bestell-Nr. 12 251

ISBN: 978-3-96040-418-7

Bildquellennachweis:

Seite 4: © Sergiy Bykhunenko - AdobeStock.com; Seite 5: © Дарья Смирнова - AdobeStock.com, © alka5051 - AdobeStock.com, © tigatelu - AdobeStock.com, © Yael Weiss - AdobeStock.com; Seite 6: © DHstudio - AdobeStock.com, © aleksangel - AdobeStock.com, © fancytapis - AdobeStock.com, © Andrzey Tokarski - AdobeStock.com (2x), © constantinos - AdobeStock.com, © andrewburgess - AdobeStock.com, © alexxl126 - AdobeStock.com, © nata777_7 - AdobeStock.com, © yulicon - AdobeStock.com, © exopixel - AdobeStock.com, © Racle Fotodesign - AdobeStock.com; Seite 7: © mtmmarek - AdobeStock.com, © Olga Serova - AdobeStock.com, © Aleksandra Smirnova - AdobeStock.com, © Joachim - AdobeStock.com, © oxie99 - AdobeStock.com, LiliGraphie - AdobeStock. com, © brgfx - AdobeStock.com, © simonidadj - AdobeStock.com, Tamara Kulikova - AdobeStock.com (2x), © rdnzl - AdobeStock.com, © womue - AdobeStock.com, © Valentina R. - AdobeStock. com, © gavran333 - AdobeStock.com, © nuizuke - AdobeStock.com, © neirfy - AdobeStock.com, © ArtCookStudio - AdobeStock.com; Seite 8: © DoraZett - AdobeStock.com, © sosiukin - AdobeStock. com, © Aggi Schmid - AdobeStock.com; Seite 9: © contrastwerkstatt - AdobeStock.com, © Kotangens - AdobeStock.com; Seite 10: © PhotoSG - AdobeStock.com, © oxie99 - AdobeStock.com, © gradt - AdobeStock.com; Seite 11: © Cora Müller - AdobeStock.com, © thinkimajiggs - AdobeStock.com, © iLUXimage - AdobeStock.com; Seite 12: © topor - AdobeStock.com, © bsd555 - AdobeStock. com, © barmaleeva - AdobeStock.com; Seite 13: © jbphotographylt - AdobeStock.com, © terbrana - AdobeStock.com; Seite 14: © canbedone - AdobeStock.com, © Rasbak - wikimedia.org, © Hugo. arg - wikimedia.org, © Richard - AdobeStock.com, © photo 5000 - AdobeStock.com, © Martina Berg - AdobeStock.com, © jozefklopacka - AdobeStock.com; Seite 15: © roteruebe - AdobeStock.com; Seite 17: © Africa Studio- AdobeStock.com, © leno2010 - AdobeStock.com, © m-produktfotos.de - AdobeStock.com, © Digipic - AdobeStock.com, © Yü Lan - AdobeStock.com; Seite 18: © zatvor- niknik - AdobeStock.com, © dedMazay - AdobeStock.com; Seite 19: © Tamara Kulikova - AdobeStock.com, © rdnzl - AdobeStock.com, © MARIMA - AdobeStock.com, © Tim UR - AdobeStock.com; Seite 21: © nuizuke - AdobeStock.com, © Dionisvera - AdobeStock.com (2x), © dima_pics - AdobeStock.com; Seite 23: © ilietus - AdobeStock.com, © Mariusz Blach - AdobeStock.com, © wollertz - AdobeStock.com, © Marina - AdobeStock.com; Seite 25: © uckyo - AdobeStock.com, © ArtCookStudio - AdobeStock.com, © L.Bouvier - AdobeStock.com, © sommai - AdobeStock.com; Seite 27: © emuck - AdobeStock.com, © mates - AdobeStock.com, © kostrez - AdobeStock.com, © Reto - AdobeStock.com, © Tamara Kulikova - AdobeStock.com; Seite 29: © ayayo - AdobeStock.com, © Kazakova Maryia - AdobeStock.com; Seite 30: © Kazakova Maryia - AdobeStock.com; Seite 31: © MarkusL - AdobeStock.com, © gmstockstudio - AdobeStock.com, © BillionPhotos.com - AdobeStock. com, © v voe - AdobeStock.com, © alka5051 - AdobeStock.com; Seite 32: © HandmadePictures - AdobeStock.com, © bsd555 - AdobeStock.com; Seite 33: © Tomboy2290 - AdobeStock.com, © photocrew - AdobeStock.com, © felinda - AdobeStock.com, © Scisetti Alfio - AdobeStock.com, © GSDesign - AdobeStock.com, © emberiza - AdobeStock.com; Seite 35: © rdnzl - AdobeStock.com, © Joachim - AdobeStock.com, © viktoriya89 - AdobeStock.com, © ronstik - AdobeStock.com; Seite 37: © ExQuisine - AdobeStock.com, © margo555 - AdobeStock.com, © Europhoton - AdobeStock.com; © Tomboy2290 - AdobeStock.com; Seite 39: © Banana Republic - AdobeStock.com, © Aniko G Enderle - AdobeStock.com, © Alik Mulikov - AdobeStock.com, © Dmitry - AdobeStock.com; Seite 40: © GChristo - AdobeStock.com, © ajlatan - AdobeStock.com, © kelifamily - AdobeStock.com; Seite 41: © Vladyslav Siaber - AdobeStock.com, © kostik2photo - AdobeStock.com, © TwilightArtPictures - AdobeStock.com, © MNStudio - AdobeStock.com; Seite 42: © xiquence - AdobeStock.com, © bastian herrmann - AdobeStock.com, © artnature - AdobeStock.com; Seite 43: © olgasem - AdobeStock. com, © Pixelmixel - AdobeStock.com, © Victor Pogontsev - AdobeStock.com, ©roteruebe - AdobeStock.com; Seite 45: © bettina sampl - AdobeStock.com, © sakdinon - AdobeStock.com, © B.Grateful - AdobeStock.com, © alinamd - AdobeStock.com; Seite 47: © Frans - AdobeStock.com, © Oleksandr Kotenko - AdobeStock.com, © 3268zauber - wikimedia.org, © pw-fotografie - AdobeStock.com, © dmitr86 - AdobeStock.com, © Andrea Wilhelm - AdobeStock.com; Seite 48: © hcast - AdobeStock.com; Seite 49: © fotoknips - AdobeStock.com, © geografika - AdobeStock.com; Seite 50: © cmnau- mann - AdobeStock.com, © Eric Isselée - AdobeStock.com (3x), © Robin - AdobeStock.com, © fotomaster - AdobeStock.com, © taviphoto - AdobeStock.com, © k.-U. Häßler - AdobeStock.com; Seite 51: © Eric Isselée - AdobeStock.com (3x), © Farinoza - AdobeStock.com, © waidmannsheil - AdobeStock.com; Seite 52: © fottoo - AdobeStock.com, © mskphotolife - AdobeStock.com; Seite 53: © Eric Isselée - AdobeStock.com (2x), © Kokhanchikov - AdobeStock.com, © Valeriy Kirsanov - AdobeStock.com, © Colorlife - AdobeStock.com, © Alik Mulikov - AdobeStock.com, © Antrey - AdobeStock.com, © Klaus Eppele - AdobeStock.com; Seite 54: © asvitt - AdobeStock.com, © avoferten - AdobeStock.com; Seite 55: © asvitt - AdobeStock.com, © fisher05 - AdobeStock.com, © lcrms - AdobeStock. com; Seite 56: © asvitt - AdobeStock.com, © Team 5 - AdobeStock.com, © dima_pics - AdobeStock.com; Seite 57: © asvitt - AdobeStock.com, © Sergiy Bykhunenko - AdobeStock.com, © olyapon - AdobeStock.com; Seite 58: © TwilightArtPictures - AdobeStock.com; Seite 59: © Christine Wulf - AdobeStock.com, © annabell2012 - AdobeStock.com; Seite 60: © Barbara - AdobeStock.com, © Heike Rau - AdobeStock.com, © tanito - AdobeStock.com; Seite 61: © Davis Mathieu - AdobeStock.com (7x), © mr_ptica - AdobeStock.com; Seite 62: © Printemps - AdobeStock.com, © fotoknips - Adobe-Stock.com; Seite 63: © asvitt - AdobeStock.com, © VasilliyArt - AdobeStock.com (bearbeitet), © maria_morozova - AdobeStock.com, © yereskonatasha - AdobeStock.com, © oleon17 - AdobeStock. com; Seite 64: © Алёна Игдеева - AdobeStock.com

Inhalt

Seite

Vorwort 4

1 **Vorbereitungen** **5–18**

Das Werkzeug 5–6

Die Planung eines Gartens.. 7

Die ersten Arbeiten 8

Säen und Gießen 9

Pflanzen vorziehen, Anzuchttöpfchen basteln, Pflanzen ins Beet setzen 10

Vereinzeln der Pflänzchen (Pikieren) und Düngen.................... 11

Kreislauf der Natur – der Komposthaufen (zum Vorlesen)............ 12

Komposthaufen anlegen – Oskar, der fleißige Regenwurm 13

Wildkräuter – Unkraut jäten 14

Die Mischung macht es – gute und schlechte Nachbarn 15

Obst oder Gemüse – kennt ihr euch aus? – Ausmalbild 16

Versuch: Pflanzen brauchen Sonnenlicht 17

Was wollen wir anbauen?... 18

2 **Gemüse** **19–31**

Radieschen, Möhren, Buschbohnen, Zuckererbsen 19–20

Salat, Rucola, Feldsalat, Spinat 21–22

Tomaten, Paprika, Minitomaten, Gurken 23–24

Kürbis, Zucchini, Zwiebeln, Knoblauch 25–26

Lauch, Blumenkohl/Brokkoli, Kartoffeln, Kohlrabi................. 27–28

Kartoffeln im Pflanzsack 29

Domino – So wächst die Möhre.................................... 30

Ein Bohnentipi pflanzen – Beetmarkierung mit Steinen 31

3 **Der Kräutergarten** **32–38**

Überblick und Duftreise 32

Petersilie, Schnittlauch, Dill, Borretsch 33–34

Kresse, Liebstöckel, Pfefferminze, Zitronenmelisse 35–36

Oregano, Rosmarin, Thymian, Basilikum 37–38

4 **Obst** **39–41**

Am Apfelbaum 39

Erdbeeren und Weinstock 40

Himbeeren und Brombeeren, Johannisbeeren..................... 41

5 **Die Blumen** **42–49**

Viele Blumen sind essbar – Kunterbunte Insektenweide 42

Kapuzinerkresse, Ringelblumen, Sonnenblume, Schwarzäugige Susanne 43–44

Strohblumen, Löwenmäulchen, Glockenblumen, Astern............ 45–46

Die Frühblüher 47

Von der Blumenzwiebel bis zur Blüte 48

Ringelblumensalbe und Kapuzinerkresse-Salat.................... 49

Bestell-Nr. 12 251

DAS GARTENJAHR IM KINDERGARTEN
Mit kreativen Ideen durch alle Jahreszeiten

KOHL VERLAG
Lernen mit Erfolg

Inhalt

Seite

6 **Die Gartenbewohner** ....**50 – 53**

Unsere häufigsten Vögel – Memory und Beobachtung ....50 – 51

Insektenhotel und Krabbeltierzoo 52

Nützliche Tiere 53

7 **Arbeiten nach den Jahreszeiten** ....**54 – 57**

Winter – Dezember, Januar, Februar 54

Frühling – März, April, Mai... 55

Sommer – Juni, Juli, August 56

Herbst – September, Oktober, November 57

8 **Zusatzmaterial – weitere Ideen** ....**58 – 63**

Sprossen haben immer Saison 58

Vogelfutter für den Winter – Meisenherzen 59

Nistkästen – Avocadobäumchen züchten... 60

Bildgeschichte – Naturmemory.. 61

Lohn für Arbeit und Mühe: Möhrenpuffer und Ketchup........................ 62

Mandala zu den Jahreszeiten.. 63

Sudoku 64

Lösungen..**64**

Vorwort

Der Garten ist für Kinder Spielplatz, Ort für Entdeckungen und vieles mehr. Er ist Erlebnis- und Erfahrungsraum. Gartenarbeit bringt Kinder an die frische Luft, sie schult die Geduld, sie beweist eindrücklich, dass die Natur ihre eigenen Spielregeln hat. Wie könnten Kinder den Kreislauf der Natur besser kennenlernen und erforschen als in einem Stück Garten? Hier können sie von der Aussaat über das erste Wachstum bis zur Ernte alles genau beobachten und vieles lernen.

Schon für die jüngsten Kinder ist es faszinierend zu beobachten, wie sich Pflanzen und Tiere entwickeln, größer werden, blühen oder Früchte hervorbringen. Im Laufe eines Jahres ergeben sich viele Möglichkeiten, das alles zu betrachten und zu erleben.

Jeder Anfang ist schwer und im Laufe der ersten Gartensaison steht man immer wieder vor neuen Fragen. Wenn Sie selbst wenig Erfahrung haben, finden sich in der Regel aber doch ein paar Freizeitgärtner unter den Eltern. Von ihnen können Sie sicherlich einige Tipps erhalten, die Ihnen den Start erleichtern.

Der erste Teil enthält Informationen und theoretische Tipps für Sie – schließlich kann nicht jeder ein Gartenprofi sein! Anschließend werden Pflanzen und tierische Gartenbewohner vorgestellt.

Schließlich gibt es eine Jahresübersicht, wann welche Arbeiten durchgeführt werden sollten. Das ist natürlich nur ein Vorschlag. Vieles ist wetterabhängig, so kann es im März noch starken Frost geben oder im April schon 28 Grad haben.

Dazwischen finden sich einige „Arbeitsblätter", Bastelvorschläge, Rezepte, Versuche und kleine Geschichten zum Vorlesen für die Kinder zum Thema Garten.

Viel Freude und Erfolg mit diesen Seiten wünschen der Kohl-Verlag und

Gabriela Rosenwald

DAS GARTENJAHR IM KINDERGARTEN

Das Werkzeug

Gut gerüstet – Was ein Kleingärtner so alles braucht

Zum Gärtnern braucht man Geräte. Eventuell sind im Kindergarten bereits einige vorhanden oder man weiß vom eigenen Garten zuhause, welche Geräte man nötig hat. Hier ist eine Liste, die eine Beschaffung der wichtigsten Gartengeräte erleichtern soll. Natürlich gibt es Preisunterschiede. Auf jeden Fall ist mit Kindergartengeräten kein Sandspielzeug aus Plastik gemeint!

Beschaffungsliste – ein Vorschlag:

Gartengeräte für Kinder (in mehrfacher Anzahl, nach Größe der Gruppe)

- kleine Schubkarre
- Rechen (Harke)
- Grabegabel
- kleine Pflanzschaufel
- Handharke
- Arbeitshandschuhe
- Gießkanne (nicht zu groß, damit Kinder diese voll tragen können) mit abnehmbarer Tülle

- Sprühflasche für zarte Pflänzchen
- Gärtnerschnur und kleine Holzpfähle
- Kinderschere
- Bambusstäbe oder Stöckchen zur Beschriftung der Saatreihen oder Töpfe
- (Hoch-) Beete (2 – 3): Einfassung (aus Holz) und Erde, ca. je 1 x 3 – 4 m
- Regenwassertonne (mit Insektenschutz und Auslaufhahn)
- Blumentöpfe
- Kompostbehälter (idealerweise geschlossen oder in einer schattigen Ecke)
- einen Ort, wo alle Geräte aufbewahrt werden können

Und dann das Wichtigste:

- Kräuter, Beerensträucher und falls genug Platz: ein Obstbaum (Apfelbaum)
- Gemüsesaatgut oder -pflanzen
- Blumensaatgut oder Ableger
- evtl. Blumenerde

Bestell-Nr. 12 251

DAS GARTENJAHR IM KINDERGARTEN
Mit kreativen Ideen durch alle Jahreszeiten

KOHL VERLAG

➲ **Die Namen der Geräte kennen lernen**

Lesen Sie den Kindern die Namen vor, sie werden sie schnell behalten!

Schaufel

Harke oder Rechen

Spaten

Grabegabel

Pflanzstab

Kleine Schaufel

Schubkarre

Kleine Schaufel

Kleine Harke

Gummistiefel

Gießkanne

Gartenhandschuhe

Sprühflasche

DAS GARTENJAHR IM KINDERGARTEN

Die Planung eines Gartens

Bevor man loslegt, sollte man einen Plan aufzeichnen. Entscheidend bei der Gestaltung ist der verfügbare Platz. Jedoch gibt es viele Lösungen, um auch auf engem Raum einen Garten anzulegen. So können kleine Grünstreifen, z. B. an der Sonnenseite des Hauses, für Tomaten, Paprika oder auch Kräuter genutzt werden. Viele Pflanzen lassen sich gut in Pflanzkübeln und/oder Töpfen ziehen. Kleine Beete bieten den Kindern die Möglichkeit, besser um die Beete herumzugehen und die Pflanzen zu pflegen und zu beobachten. Auch ein Hochbeet bietet auf kleinem Raum einige Optionen, nur sollten es die Kleinen auch erreichen können.

Jedoch man sollte sich anfangs nicht zu viel vornehmen. Lieber einige wenige Dinge mit guter Ernte, als ein heilloses Durcheinander, bei dem wenig herauskommt.

Hier ein Vorschlag, den man jedoch leicht ändern kann.

In diesem Garten wachsen:

Sonnenblumen – **1**, Zuckererbsen – **2**, Kohlrabi – **3**, Erdbeeren – **4**, Lavendel – **5**, Tomaten – **6**, Möhren und Radieschen – **7**, Pflücksalat und Kopfsalat – **8**, Kapuzinerkresse – **9**, Zucchini – **10**, Strohblumen – **11**.
Dazu gibt es ein Kräuterbeet mit verschiedenen Arten – **12** und Ringelblumen – **13**.

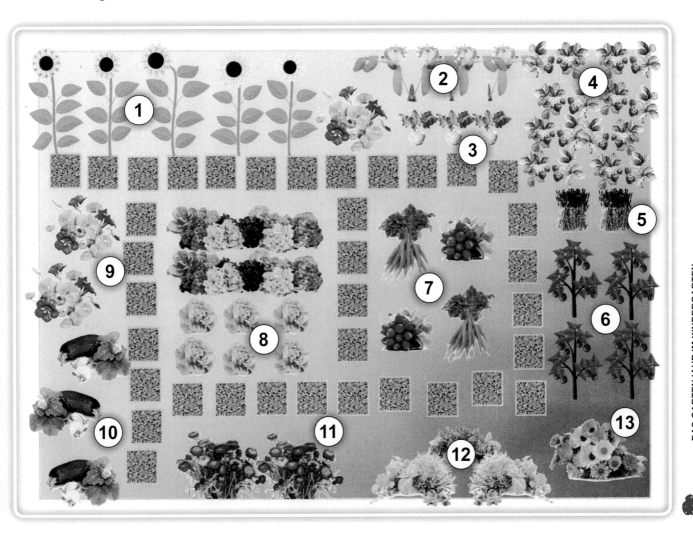

DAS GARTENJAHR IM KINDERGARTEN — Bestell-Nr. 12 251
Mit kreativen Ideen durch alle Jahreszeiten

Die ersten Arbeiten

Abstecken und umgraben

Zunächst wird die Stelle, wo der Garten entstehen soll, mit einer Schnur abgesteckt. Dazu steckt man an den Ecken des Beetes vier Stöcke und spannt dazwischen eine Schnur. Nun kann man entlang der Schnur den Beetrand mit einem Spaten abstechen. Muss zunächst eine Rasenfläche umgegraben werden, sollte ein Erwachsener helfen.

Beete anlegen

Beim Anlegen eines Beetes wird zunächst der Boden aufgehackt und zerkleinert, dann Unkraut und Steine entfernt und schließlich die Erde geharkt. Am Ende sollte die Erde ganz feinkrümelig sein. Die Aufbereitung des Beetes ist der Schlüssel zum Erfolg, dazu gehört ein unkrautfreier, gut gelockerter Boden.
Ist der Garten groß genug für einen Gartenweg? Dann den Weg festlegen. Der Gartenweg kann einfach festge-trampelt werden. Man kann auch gesammelte Steine auf den Gartenweg legen, so entsteht langsam ein Kiesweg. Ein paar Pflasterplatten erfüllen den gleichen Zweck.

Einzäunung

Man kann aus Rundhölzern und Schnur, Steinen oder Weidengeflecht einen Garten-zaun anlegen. Später bildet so ein Zaun, je nach Höhe, eine prächtige Rankhilfe.

Natürlich kann man auch einen Drahtzaun oder „professionellen" Holzzaun ziehen, das ist von der finanziellen Lage abhängig.

Wenn jetzt noch Platz im Garten ist, kann man zusätzlich eine **Vogeltränke** aufstellen (z. B. einen größeren Tonuntersetzer oder eine selbst gebastelte Lehm- oder Tonschale) und beob-achten, wie die Vögel darin regelmäßig baden. Wasser auffüllen und Tränke säubern nicht ver-gessen! Ein idealer Platz ist im Halbschatten, und zwar an einer Stelle, die man gut einsehen kann. Aber trotzdem nicht direkt vor einem großen Fenster, an dem die Vögel im Anflug verunglücken können. Auch Büsche, in denen Katzen lauern können, sollten ein wenig entfernt stehen.

Lernen mit Erfolg   DAS GARTENJAHR IM KINDERGARTEN

Säen und Gießen

So wird gesät

Endlich kann gesät werden. Damit die Kleinen rasche Erfolge sehen, sollten einige schnell keimende Arten dabei sein. Auf jedem Samentütchen finden sich Hinweise, wann der richtige Zeitpunkt zum Säen gekommen ist. Entweder drinnen im Warmen auf der Fensterbank oder später auch draußen zur Aussaat im Kasten oder Freiland.

Es ist für kleinere Kinder wesentlich einfacher, mit einzelnen, großen Saatkörnern zu hantieren als mit sehr feinem Saatgut. Ideal zum Aussäen sind z. B. Ringelblumen, Sonnenblumen, Kapuzinerkresse, Zucchini, Gurken und auch Kürbisse. Ein kleiner Trick kann bei sehr feinen Samen (z. B. Möhren) helfen: Einfach die Saat mit ein wenig Sand vermischen.

Um Gesätes später nicht aus Versehen beim Unkraut-Entfernen wieder auszurupfen, ist eine gut sichtbare Markierung – zum Beispiel eine Umrandung des Bereichs mit kleinen Steinchen – der frisch eingesäten Flächen ratsam.

➥ *Vorlesen oder erklären:*

Zuerst ziehst du die Erde mit der Harke glatt. Dann legst du die Harke auf das Beet und drückst den Holzstiel in die Erde. So hast du eine gerade Rille, in die du die Samen streuen kannst. Vorher solltest du noch die Rille gießen und warten, bis das Wasser eingesickert ist. Säe immer direkt aus der Hand. Wenn du die Samen aus der Tüte säst, liegen sie nämlich zu dicht beieinander. Nun verteilst du ein wenig Erde über deinem Samen und drückst die Rille zu. Nochmals ein wenig gießen. Dann steckst du ans Ende deiner Reihe den passenden Sticker, damit du weißt, was du gesät hast.

Richtig Gießen

Gießen sollte man morgens oder abends. Vor allem bei sommerlichen Temperaturen sollte man nicht zur Mittagszeit gießen. Denn die Wassertropfen wirken auf den Blättern wie eine Lupe und die Blätter können regelrecht verbrennen. Das Wasser direkt auf die Wurzel gießen und tief in den Boden einsickern lassen. So verhindert man, dass Unmengen von Wasser verschwendet werden.

Die ersten zarten Sämlinge gießen wir nicht mit der Gießkanne, sondern sprühen sie vorsichtig an.

Wenn junge Pflanzen eingepflanzt werden, kann man zudem einen kleinen Wall um die Pflanze bauen. So bildet sich ein Wasserspeicher und die Pflanze wird zu Beginn mit genügend Wasser versorgt.

Bestell-Nr. 12 251 – DAS GARTENJAHR IM KINDERGARTEN – Mit kreativen Ideen durch alle Jahreszeiten – KOHL VERLAG

Pflanzen vorziehen

Für große Samen, die einzeln in die Erde gelegt werden, eignen sich Eierkartons prima. Werden sie in ihre einzelnen Segmente geteilt, können sie zusammen mit Erde und Sämling später gleich ins Beet gesetzt werden, da Eierkartons in der Regel kompostierbar sind. Den Boden vorsichtig aufbrechen, damit die Wurzeln sich ausbreiten können. Es gibt auch Anzuchttöpfchen zu kaufen, aus Pappe oder Kunststoff. Kunststofftöpfe kann man immer wieder verwenden, Pappe verrottet ebenfalls.

Eine Möglichkeit: Anzuchttöpfe aus Toilettenpapierrollen basteln

- Am einen Ende der Papprolle das Material links und rechts halbmondförmig einknicken. Hierbei ruhig großzügig arbeiten, sodass sich beide Seiten etwas überlappen.

- Jetzt sind zwei Spitzen entstanden, diese ebenfalls nach innen umknicken, sodass sie über den zuvor gefalteten Pappbereich liegen. Jetzt sollte eine Art Boden entstanden sein.

- Anzuchttopf aufrecht hinstellen, mit Erde befüllen und Samen hineingeben.

- **Tipp:** Wässert man seine Sämlinge, wird natürlich auch die Pappe feucht und man kann den Boden noch etwas zurechtdrücken. Bei mir stehen die Anzuchttöpfe in einem Minigewächshaus. Man kann sie aber auch auf einen Teller oder in eine große Pflanzschale geben. Mehr Stabilität entsteht, wenn man mehrere der Pflanztöpfchen mit einer Kordel zusammenbindet.

Pflanzen ins Beet setzen

Wer nicht nur Samen, sondern auch Pflanzen hat (z. B. kleine Salat- oder Tomatenpflanzen, Margeriten oder Löwenmäulchen) sucht die Stelle aus, wo sie gepflanzt werden sollen und gräbt dort ein passendes Loch. Dann kann die Pflanze aus dem Topf genommen werden. Am besten geht das, wenn man sie vorher noch gießt, dann hält der Wurzelballen besser zusammen. Jetzt kann die Pflanze eingepflanzt und noch etwas gegossen werden. Vielleicht braucht sie (z. B. Tomate) auch noch einen Stab als Stütze? Wenn man einen kleinen Wall um die Pflanze bildet, bleibt das Gießwasser im Wurzelbereich der Pflanze. So wird sie zu Beginn mit genügend Wasser versorgt.

DAS GARTENJAHR IM KINDERGARTEN

Wie geht das Pikieren (Vereinzeln) der Pflanzen?

So schade es auch ist, alle Pflanzen, die aus einem Tütchen Samen gewachsen sind, kann man nicht behalten. So suchen wir die kräftigsten aus und setzen sie in einzelne Töpfe, bis sie schließlich in den Garten können.

- Fülle die Töpfe, in die du die Pflänzchen setzen willst, mit Erde, am besten mit richtiger „Anzuchterde".

- Schiebe den Stil eines Teelöffels, einen Eisstiel oder Ähnliches vorsichtig unter die Wurzel eines Pflänzchens und hebe es mit der Wurzel heraus.

- Das Pflänzchen vorsichtig mit Daumen und Zeigefinger halten.

- Mit dem Hölzchen ein Loch in die Erde eines der vorbereiteten Töpfchens machen.

- Dort den Sämling hineinstecken und vorsichtig die Erde festdrücken.

- Jetzt noch angießen – fertig!

- **Tipp:** Wenn die Wurzel sehr lang ist, kannst du sie ein wenig kürzen (einfach abknipsen). Die Wurzeln verzweigen sich dann besser.

Düngen – Kompost und Gründüngung

Humus entsteht aus abgestorbenen pflanzlichen und tierischen Resten, die von Bodenlebewesen zersetzt werden. Humus verbessert Wasserspeicherung, Aktivität des Bodenlebens und Nährstoffhaushalt. Kompost sollte man bereits bei der Beetvorbereitung ausbringen und oberflächlich einarbeiten. Gemüse mit hohem und mittlerem Nährstoffbedarf wie Tomaten, Kohl, Sellerie und Porree erhalten drei bis vier Liter pro m², Erbsen, Bohnen Möhren und Rettiche geben sich mit der Hälfte zufrieden. Bei Salat, Kräutern und Radieschen können Sie auf die Grunddüngung verzichten.

Eine Gründüngung der Beete hilft dem Boden, ein optimales Kohlenstoff-Stickstoff-Verhältnis zu erreichen.

Schnell wachsende Pflanzen können freie, abgeerntete Flächen innerhalb von ein bis zwei Wochen begrünen. Im Laufe der Zeit lockern die Wurzeln die Erde und reichern sie mit organischer Masse an. Besonders gut geeignet sind Wicken, Klee und Lupinen. Die oberirdischen Pflanzenteile werden kurz nach der Blüte flach in den Boden eingearbeitet oder einfach abgeräumt und kompostiert. Die rasch keimenden Pflanzen verdrängen dazu unerwünschte Wildkräuter und sehen auch noch hübsch aus.

Ein weiterer wirksamer Dünger ist Brennnesseljauche. Leider stinkt sie ziemlich und ist daher für den Kindergarten nicht so geeignet.

Bestell-Nr. 12 251 – DAS GARTENJAHR IM KINDERGARTEN – Mit kreativen Ideen durch alle Jahreszeiten – KOHL VERLAG

Kreislauf in der Natur – der Komposthaufen (zum Vorlesen)

Alles, was eine Pflanze zum Wachsen braucht, holt sie sich aus dem Boden. Das macht ein Gänseblümchen genauso wie ein riesiger Baum oder eine Gurke. Doch wenn man immer nur etwas rausholt, ist irgendwann nichts mehr drin. Deshalb hat die Natur beschlossen, aus abgestorbenen Pflanzen wieder Nährstoff für neue Pflanzen zu machen. Was an Laub, Früchten oder Zweigen auf die Erde fällt, wird sofort von vielen kleinen Lebewesen gierig aufgefressen. Und was dann nach der Mahlzeit wieder ausgeschieden wird, ist gute Erde, so genannter Humus. Die natürlichen Abfälle werden also von den kleinen Erdbewohnern wiederverwertet. Der Humus enthält besonders viel Nahrung für neue Pflanzen.

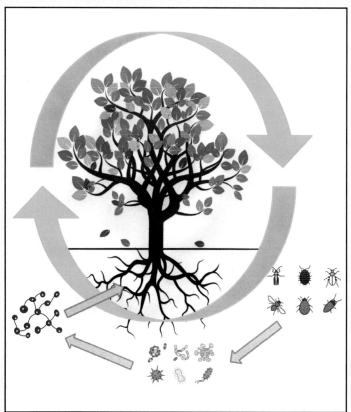

Was im Komposthaufen geschieht

Der Komposthaufen ist wie eine kleine Fabrik. Sie stellt Erde mit vielen Nährstoffen her. Die Arbeiter in der Fabrik sind viele kleine Tiere wie Tausendfüßler, Asseln, Käfer, Springschwänze, Ameisen, Schnecken und Regenwürmer. Sie fressen den Kompost. Als Mist scheiden sie ihn wieder aus. Dazu gibt es unzählige Bakterien und winzige Pilze, die im Kompost leben. Alle Arbeiter brauchen aber Luft und Wasser!
Doch schließlich ist die neue Erde fertig. Die Fabrik hat den Kompost in eine lockere, gute Erde mit vielen Nährstoffen verwandelt. Wenn wir den Kompost nun im Garten verteilen, können die Pflanzen mit ihren Wurzeln die Nährstoffe aufnehmen. Jeder Nährstoff hat eine andere Aufgabe: Der eine hilft den Blumen und Früchten beim Wachsen, der andere hilft den Blättern beim Wachsen, der nächste hilft den Wurzeln beim Wachsen.

Was darf oder soll auf den Komposthaufen?

Gartenabfälle vom Rasenmähen und Laub oder verblühte Blumen und welke Blätter gehören auf den Kompost. Auch Obst- und Gemüsereste, (Apfelschalen, welke Salatblätter, Kirschkerne, Kartoffelschalen), Kaffeesatz und Filter, Teebeutel und Eierschalen ergeben durch die fleißigen Arbeiter wieder gute Erde mit vielen Nährstoffen. Dein Eisstiel gehört dazu, er ist nämlich aus Holz, und Holz verrottet auch, genau wie Reisig oder Nussschalen.
Speisereste oder Wurst und Fleischreste sollte man nicht auf den Kompost werfen. In der Wärme vermehren sich Fliegen und Maden sehr gerne. Und der Geruch sagt auch den Ratten: Hier gibt's was zu fressen.

DAS GARTENJAHR IM KINDERGARTEN

Einen Komposthaufen anlegen

- Sucht eine abgelegene Ecke, denn manchmal riecht der Kompost doch ein wenig unangenehm!

- Kompost liebt einen Platz im Halbschatten, vielleicht unter einem Baum, der vor zu heißer Sonne und Dauerregen schützt.

- Damit die Insekten und Mikroben einwandern können, muss der Haufen auf dem Erdboden angelegt werden.

- Beginnt mit einer Unterlage aus kleinen Ästen und Zweigen, damit Luft in den Haufen kommt und Wasser abfließen kann.

- Nun könnt ihr jede Menge Bio-Abfälle dort abladen.

- Alle 30 - 50 cm fügt ihr eine Schicht Erde zu, damit die „Bewohner" sich im Kompost gut verbreiten.

- Ist der Haufen hoch genug, deckt ihn mit Erde oder einer schwarzen Plane ab. Die kleinen Tierchen sorgen für Wärme.

- So vermodern die Abfälle in etwa einem Jahr vollständig. Der Kompost ist fertig zum Gebrauch!

- Es gibt auch Kompostbehälter aus recyceltem Kunststoff. Sie haben den Vorteil, dass man unten den fertigen Humus entnehmen kann. Oben passen dann immer wieder neue Bioabfälle darauf.

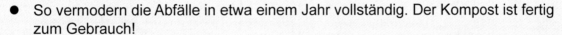

Oskar, der fleißige Regenwum erzählt (zum Vorlesen)

Wir Regenwürmer können uns ganz lang machen. Wir können uns aber auch eng zusammenziehen. Das liegt daran, dass unser Körper aus vielen Teilringen besteht. Durch dieses Zusammenziehen und Strecken kommen wir vorwärts. Unsere Haut ist mit einer Schleimschicht bedeckt. Unter der Erde graben wir unsere Gänge. In einige Gänge ziehen wir z. B. alte Blätter. Besonders gern mögen wir Gemüseabfälle. So leben wir auch gerne im Komposthaufen. Wenn wir gefuttert haben, scheiden wir das aus, was unser Körper nicht braucht. Dies ist immer noch Erde, aber sie enthält jetzt viele Nährstoffe, die alle Pflanzen gut gebrauchen können. Gärtner mögen uns auch gerne, weil wir den Boden schön auflockern. Wir legen oft Häufchen auf der Erde ab! Wir werden etwa 2 Jahre alt. Doch oft werden wir vorher von Vögeln, Igeln oder Maulwürfen gefressen. Den Winter verbringen wir tief im Boden in einer Art Kältestarre. Übrigens stimmt es nicht, dass beide Hälften von uns Würmern weiterleben, wenn man den Wurm in der Mitte zerteilt!

DAS GARTENJAHR IM KINDERGARTEN – Bestell-Nr. 12 251
Mit kreativen Ideen durch alle Jahreszeiten
KOHL VERLAG

1 Vorbereitungen

Wildkräuter – Unkraut jäten

Zum Vorlesen:

Unkraut (Wildkräuter) sind oft nützlich. Vom Klee sammeln die Bienen Honig, die zarten Blätter des Löwenzahns ergeben einen leckeren Salat. Aus der Brennnessel kann man ebenfalls Salat machen sowie Dünger oder Jauche gegen Schädlinge herstellen. Dazu gibt es viele Wildkräuter, die wunderschön blühen und für Hummeln und Schmetterlinge wichtig sind.

Aber auch die Wildkräuter brauchen Nahrung aus der Erde. So nehmen sie unseren Pflanzen die Nahrung weg. Also müssen wir sie entfernen. Dabei muss man ganz schön aufpassen, dass man die richtigen Pflänzchen zupft und nicht die kleinen Pflanzen, die wir gesät haben.

Tipp: Gehen Sie mit den Kindern in den Garten oder auf eine Wiese und zeigen Sie ihnen die Wildkräuter. Trotzdem bleibt Unkraut jäten eine Aufgabe für die älteren Kinder!

Zum Schutz vor Disteln und Brennnesseln kann man Gartenhandschuhe anziehen. Vorbeugen kann man, indem man Rindenmulch oder Pinienrinde auf den Beeten ausbringt. Es gibt noch viel mehr Wildkräuter, wie z. B. Giersch und Löwenzahn. Es gibt auch zu den verschiedenen Unkräutern weitere Unterarten, die hier der Einfachheit halber nicht aufgeführt sind.

| Vogelmiere | Franzosenkraut | Distel |
| Brennnessel | Wegerich | Hahnenfuß |

Die Mischung macht es – gute und schlechte Nachbarn

Immer wieder befallen Schädlinge wie Blattläuse oder Schnecken das Gemüse oder auch Krankheiten wie Mehltau oder Pflanzenrost schädigen die Pflanzen. Jetzt besser nicht zur chemischen Keule greifen! Es gibt viele Möglichkeiten, die Probleme auf biologischem Weg zu lösen. Manchmal kann auch allein schon die richtige Pflanzenwahl und Mischkultur dafür sorgen, dass Schädlinge abgehalten werden. Durch „gute Nachbarn" kann ein Gemüsebeet gesund bleiben und auch noch schön bunt aussehen. Aber Vorsicht, nicht alle Gemüsesorten vertragen sich im Beet!

Hier eine kurze Übersicht über „Gute Nachbarn" und „Schlechte Nachbarn."

Gute Nachbarn	Gemüsesorte	Schlechte Nachbarn
Gurken, Tomaten, Zucchini	**Basilikum**	
Bohnenkraut, Dill, Erdbeeren, Gurken, Kapuzinerkresse, Kartoffeln, Kohlrabi, Radieschen, Salat, Tomaten	**Buschbohnen**	Erbsen, Knoblauch, Schnittlauch, Stangenbohnen, Zwiebeln
Gurken, Kohlrabi, Möhren, Radieschen, Zucchini	**Erbsen**	Bohnen, Kartoffeln, Tomaten, Zwiebel
Basilikum, Bohnen, Dill, Erbsen, Kopfsalat, Zwiebeln	**Gurken**	Tomaten, Kartoffeln, Radieschen
Buschbohnen, Kapuzinerkresse, Kohlrabi, Pfefferminze, Spinat	**Kartoffeln**	Erbsen, Gurken, Kürbis, Sonnenblume, Tomaten
Bohnen, Erbsen, Erdbeeren, Gurken, Kartoffeln, Radieschen, Salat,	**Kohlrabi**	Kohl, Fenchel
Bohnen, Erbsen, Fenchel, Gurken, Kohlrabi, Möhren, Radieschen, Tomaten, Zwiebel	**Kopfsalat**	Kresse, Petersilie, Sellerie
Erbsen, Knoblauch, Radieschen, Salat, Tomaten, Zwiebeln	**Möhren**	Pfefferminze
Möhren, Tomaten	**Paprika**	Erbsen
Gurken, Radieschen, Tomaten	**Petersilie**	alle Salatarten
Radieschen, Bohnen	**Pflücksalat**	
Bohnen, Erbsen, Feldsalat, Möhren, Petersilie, Salat, Spinat	**Radieschen**	Gurken
Buschbohnen, Knoblauch, Kohlrabi, Möhren, Petersilie, Radieschen, Salat	**Tomaten**	Erbsen, Gurken, Kartoffeln
Basilikum, Kapuzinerkresse, Stangenbohnen, Zwiebeln, Dill	**Zucchini**	Gurken

DAS GARTENJAHR IM KINDERGARTEN – Bestell-Nr. 12 251
Mit kreativen Ideen durch alle Jahreszeiten

KOHL VERLAG

Obst oder Gemüse?

Was kennen die Kinder? Die Bilder werden bunt angemalt. Obst wird dann rot eingekreist, Gemüse grün. Wer den Namen kennt, darf ihn sagen. Jeder kann auch sagen, in welchem Gericht er das Obst oder Gemüse kennt.

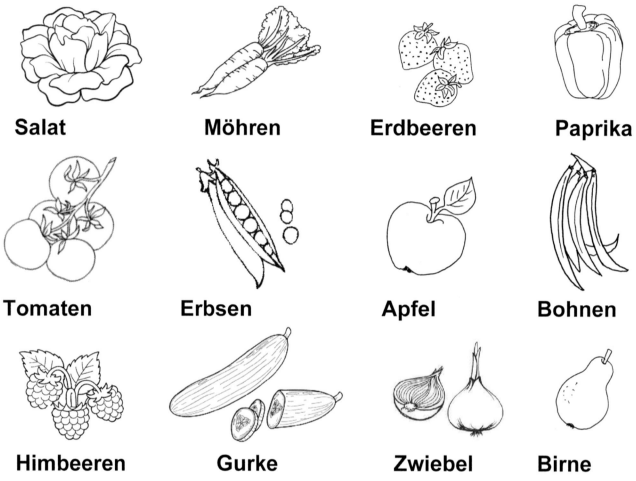

Salat	**Möhren**	**Erdbeeren**	**Paprika**
Tomaten	**Erbsen**	**Apfel**	**Bohnen**
Himbeeren	**Gurke**	**Zwiebel**	**Birne**

Zucchini	**Kohlrabi**	**Pfirsich**	**Blumenkohl**

Kürbis	**Weintrauben**	**Lauch**	**Kirschen**

1 Vorbereitungen

Versuch: Pflanzen brauchen Sonnenlicht

Pflanzen brauchen Sonnenlicht, um wachsen zu können. Wenn sie nicht genügend Licht bekommen, machen sie sich selbst danach auf die Suche.

Das testen wir nun mal aus:

Füllt drei Blumentöpfe mit feuchter Erde. Steckt 5 - 6 Samen in jeden Topf. Dabei sollten die Samen gerade noch mit Erde bedeckt sein. Radieschensamen eignen sich sehr gut, denn sie keimen schnell. Achtet darauf, dass die Erde immer feucht ist.

Wenn die ersten Blättchen aus der Erde treiben, stellt ihr einen Blumentopf ins Freie – natürlich nur im Frühling oder im Sommer. Ihr werdet sehen, die Pflänzchen wachsen prächtig.

Den zweiten Blumentopf lasst ihr auf der Fensterbank im Zimmer stehen. Hier neigen sich die Pflänzchen der Sonne zu. Dreht den Topf einmal herum und wartet, was dann geschieht.

Den dritten Blumentopf stellt ihr an einen dunklen Platz. Nach kurzer Zeit fangen die Pflanzen tatsächlich an, das Sonnenlicht zu suchen. Wenn die Pflanzen jedoch zu lange im Dunkeln stehen, haben sie keine Kraft mehr und sterben ab.

Versuch: Ohne Wasser geht nichts – starke Bohnen

Ihr braucht:

- Gips, Bohnen, eine Schüssel, Wasser
- durchsichtige Joghurtbecher

So geht es:

- Der Gips wird nach Anleitung mit dem Wasser angerührt und in die durchsichtigen Joghurtbecher gefüllt.
- Anschließend stecken die Kinder pro Becher 3 - 4 Bohnen in den Gips. Jetzt heißt es warten ...
- Nach ungefähr einem Tag bilden sich Risse im Gips und nach ca. drei bis vier Tagen können die Kinder die ersten Keimlinge sehen. Tipp: Will man den Prozess etwas beschleunigen, einfach den Gips ab und zu mit einer Sprühflasche anfeuchten.

Erklärung:

Die Bohnen bestehen aus vielen kleinen Zellen, die Wasser aufnehmen. Gibt man trockene Bohnen in den feuchten Gips, so entziehen sie diesem das Wasser und beginnen zu quellen, bis sie aufbrechen und die Keimlinge zum Vorschein kommen.

Dieses Experiment ist für Kinder ein spannendes Ereignis und jedes Kind möchte, dass die eigene Bohne zuerst zum Vorschein kommt. Um den Kindern zu zeigen, wie hart Gips ist, kann man einen Becher ohne Bohnen mit Gips füllen.

Bestell-Nr. 12 251 – DAS GARTENJAHR IM KINDERGARTEN Mit kreativen Ideen durch alle Jahreszeiten

Was wollen wir anbauen?

Überlegen Sie – gemeinsam mit den kleinen Gärtnern – was im Garten alles wachsen soll. Hier eine kleine Auswahl der Dinge, die die Kleinen gerne mögen:
Möhren, Radieschen, Zuckerschoten, Zucchini, Kürbis, Gurken, Paprika, Tomaten, Kohlrabi, Salate, Bohnen, Erdbeeren … Auch Blumen sollten nicht zu kurz kommen.

Aus einem Gartenkatalog können die Kinder Gemüse, Kräuter und Obstarten ausschneiden, die sie gerne mögen. Daraus lässt sich eine bunte Kollage basteln.

Natürlich ist es spannend, zu erleben, wie aus Samenkörnern Pflänzchen und Pflanzen wachsen. Aber manche Gemüse und Kräuter kann man auch schon als Pflanze oder Pflänzchen z. B. auf dem Wochenmarkt kaufen und gleich in den Garten setzen. Dazu zählen z. B. Kohlrabi, Blumenkohl und weitere Kohlarten, Tomaten, Paprika und Kräuter wie Rosmarin, Lavendel, Melisse und Pfefferminze.

Zu den folgenden Pflanzen gibt es Kärtchen, die laminiert und gezielt mit zum Ort des Geschehens (also in den Garten) genommen werden können. Dies ist nur eine Auswahl, es gibt viele weitere Pflanzen, die Sie anbauen können.

Gemüse:

Radieschen	Möhren	Zuckerschoten	Buschbohnen
Salat	Rucola (Rauke)	Feldsalat	Spinat
Tomaten	Paprika	Minitomaten	Gurken
Kürbis	Zucchini	Zwiebeln	Knoblauch
Lauch	Blumenkohl	Kohlrabi	Kartoffeln

Kräuter:

Petersilie	Schnittlauch	Dill	Borretsch
Kresse	Liebstöckel	Pfefferminze	Zitronenmelisse
Oregano	Rosmarin	Thymian	Basilikum

Blumen:

Kapuzinerkresse	Ringelblumen	Sonnenblumen	Schwarzäugige Susanne
Strohblumen	Löwenmäulchen	Glockenblumen	Astern

Radieschen

**Möhren /
Mohrrüben**

Buschbohnen

Zuckererbsen

DAS GARTENJAHR IM KINDERGARTEN — Bestell-Nr. 12 251
Mit kreativen Ideen durch alle Jahreszeiten
KOHL VERLAG

Möhren / Mohrrüben

benötigen schon etwas mehr Zeit. Sie können direkt an Ort und Stelle ausgesät werden.

So geht es:

Zwischen den Reihen ist ein Abstand von 5 - 20 cm ideal. Ist nach 2 - 3 Wochen das erste Grün der Möhrchen zu sehen, beginnt das Pikieren, also das Vereinzeln der Pflanzen. Immer wieder werden zu dicht stehende Möhren vorsichtig herausgezogen. Je nach Sorte sollte der Abstand ungefähr 5 cm betragen, wenn sie ab Ende Juli reif sind.

Ernte:

Die Möhren einfach aus der Erde ziehen und ein wenig abtrocknen lassen. Sie eignen sich gut für Snacks, aber auch zu Salaten und als Gemüse. Zwiebeln, Lauchzwiebeln oder Knoblauch neben den Möhren sind eine gute Abwehr gegen die Möhrenfliege.

Radieschen

sind sehr schnellwüchsig, der erste Ernteerfolg ist hiermit garantiert. Ob zwischendurch als Snack verspeist oder zu einem leckeren Salat verarbeitet, Radieschen schmecken immer. Wenn ihr alle 2 - 3 Wochen frisch aussät, habt ihr eine lange Erntezeit!

So geht es:

Ziehe 1,5 - 2 cm tiefe Gräben. Zwischen den Reihen lässt du 10 cm Abstand. Nun säst du die Samen und bedeckst sie mit Erde. Drücke die Erde fest. Nach 10 - 14 Tagen musst du die Pflanzen ausdünnen: Dazu ziehst du einfach so viele Triebe aus der Erde, bis nur noch alle 2 - 3 cm ein Pflänzchen steht.

Ernte:

Nach 4 - 6 Wochen, wenn die Radischen einen Durchmesser von 2 - 3 cm haben.

Zuckererbsen(schoten)

Sie können, wenn sie ganz jung sind, direkt vom Strauch geerntet und verspeist werden, denn dann schmecken sie besonders zart und süß.

Aussaat:

Man kann die Erbsen ab Ende März oder Anfang April bis in den Frühsommer aussäen. Die Rille sollte etwa 4 - 5 cm tief sein und der Abstand zwischen den Samen mindestens 5 cm betragen.

Standort:

Zuckerschoten bevorzugen einen offenen, sonnigen Platz. Als Rankhilfe eignet sich z. B. ein Bambusstab oder ein Gitter.

Ernte:

Je nach Wetter sind Ihre Zuckerschoten etwa 3 Monate nach der Aussaat reif. Die Zuckerschoten wachsen schneller, wenn die Samen einen Tag lang in Wasser vorgequollen sind.

Buschbohnen

Buschbohnen werden etwa 40 - 60 cm hoch und lassen sich so leicht ernten. Gurken, Radieschen und Kapuzinerkresse sind gute Nachbarn.

Aussaat:

Zwischen Mitte Mai und Ende Juni kann man die Bohnen aussäen. Damit sie schneller keimen, kannst du sie vor der Aussaat auch einen Tag ins Wasser legen. Gebt jeweils vier Samen in ein Loch und lasst immer 5 cm Abstand dazwischen. Der Reihenabstand sollte etwa 30 cm betragen. Nur die stärkste Pflanze bleibt stehen.

Ernte:

2 - 3 Monate nach der Saat sind die Buschbohnen reif. Vorsicht beim Pflücken: Schnell reißt man mit der Bohne die ganze Pflanze aus der Erde.

Salat

Rucola – Rauke

Feldsalat

Spinat

DAS GARTENJAHR IM KINDERGARTEN – Bestell-Nr. 12 251
Mit kreativen Ideen durch alle Jahreszeiten

KOHL VERLAG

Rucola – Rauke

Als frische Salatzutat oder auf der Pizza ist Rucola sehr beliebt. Man nimmt vor allem die jungen zarten Blätter.

So geht es:

Im Freiland kannst du Rucola von Mai bis September nach Bedarf fortlaufend aussäen. Der Reihenabstand sollte 15 - 20 cm, die Saattiefe 1 - 1,5 cm betragen. Rucola benötigt ausreichend Wasser, da die Blätter sonst schnell zu scharf werden.

Ernte:

Nach vier bis sechs Wochen, wenn die Blätter etwa 10 - 15 cm lang sind. Schneide die Blätter etwa drei Zentimeter über der Erde ab und bereite sie möglichst gleich frisch zu.

Lasse einige Pflanzen zur Blüte kommen und trockne dann später die Samen. Das ist die Saat für das nächste Jahr.

Salat

gibt es in vielen Sorten.

So geht es:

Auch Salat braucht einen sonnigen bis halbschattigen Platz. Die Aussaat erfolgt von März bis August.
Säe Salat in Reihen mit etwa 20 cm Abstand. Bei Kopfsalat musst du später in der Reihe auf 20 cm vereinzeln, damit sich ein Kopf bilden kann, bei Pflücksalaten kannst du die Pflänzchen enger stehen lassen. Salat gehört zu den Lichtkeimern. Das bedeutet, dass du die Samen nur sehr leicht mit Erde bedecken solltest.
Auch hier ist es wichtig, sie nach der Pflanzung ausreichend feucht zu halten.

Ernte:

Sobald sich Köpfe gebildet haben, kann man den Salat ernten. Schneide den Salatkopf ca. 2,5 cm über dem Boden ab. Pflücksalat erntest du, indem du immer die äußeren Blätter zupfst. Er wächst oben immer nach.

Spinat

Da Spinat grelle Sonne und Hitze nicht verträgt, bauen wir ihn im Frühjahr und Herbst an.

So geht es:

Frühjahrsspinat kann von März bis Mai im Freiland ausgesät werden. Säe die Samen dicht an dicht in 2 - 3 cm tiefen Saatrillen mit einem Abstand von 20 - 35 cm aus. Anschließend werden die Rillen geschlossen und fest geklopft. Das Beet muss regelmäßig gegossen und gehackt werden, das Unkraut wird entfernt.

Ernte:

Die ersten Blätter des Spinats kannst du schon sechs bis acht Wochen nach der Aussaat ernten.

Feldsalat

Wer etwa zwischen Mitte Juli und Mitte August sät, kann im September und Oktober ernten. Wird in der ersten Septemberhälfte gesät, beginnt die Erntezeit im November. Für die späte Aussaat sind frostunempfindliche Sorten empfehlenswert, diese können bis März geerntet werden.

So geht es:

Säe in Reihen mit etwa 15 cm Abstand und 1 cm tief. Die Saatrillen mit Erde abdecken, mit einem Brett andrücken und gleichmäßig feucht halten. Vereinzele die Pflänzchen frühzeitig auf 8 - 10 cm Abstand.

Ernte:

Knapp über dem Wurzelansatz abschneiden, sonst fallen die Rosetten auseinander. Fallen die Temperaturen unter acht Grad, stoppt das Wachstum. Deshalb muss man sich mit der Ernte dann bis zum Frühjahr gedulden.

DAS GARTENJAHR IM KINDERGARTEN

Tomaten

Paprika

Minitomaten

Gurken

DAS GARTENJAHR IM KINDERGARTEN   –   Bestell-Nr. 12 251
Mit kreativen Ideen durch alle Jahreszeiten

KOHL VERLAG

Paprika

Paprika kann man gut gemeinsam mit Tomaten oder Gurken anpflanzen. Alle drei lieben Wärme und benötigen viel Wasser.

So geht es:
Ende Februar/Anfang März solltest du die Samen drinnen in einer Schale aussäen. Wenn sich neben den Keimblättern das erste Laubblatt entwickelt, kannst du sie einzeln in Töpfe setzen. Auspflanzen solltest du sie ab Mitte Mai. Setze die Pflanzen in einem Abstand von 40 x 40 cm.
Wenn du die Knospe, die sich als erstes in der ersten Verzweigung am Ende des Mitteltriebes der Pflanze bildet, abknipst, wird die Paprika mehr Früchte ansetzen. Im Laufe der Saison kann es nötig werden, dass du die Pflanzen abstützen musst.

Ernte:
Breche die Früchte bei gewünschter Reife vorsichtig ab.

Tomaten

Tomaten brauchen Pflege und eine Kletterhilfe, dazu viel Wasser und Sonne. Mit einem Kleingewächshaus, Folientunnel oder Tomatenhaus kannst du die Ernte um bis zu vier Wochen vorverlegen.

So geht es:
Da Tomaten keinen Frost vertragen, sollten diese erst ab Mitte Mai nach draußen. Setze die einzelnen Pflänzchen mit 50 - 60 cm Abstand. Jede Pflanze sollte noch eine Rankhilfe bekommen, an der du sie später festbinden kannst. Das regelmäßige sogenannte „Ausgeizen" der Seitentriebe sollte nicht vergessen werden. Alle Triebe in den Blattachseln sollten frühzeitig entfernt werden.

Ernte:
Im Gewächshaus reifen Tomaten zwischen Ende Juni und November. Im Freiland muss man bis Juli warten und spätestens im Oktober ist Ernteschluss.

Gurken

Gurken brauchen wie die Tomaten auch sehr viel Wärme und Sonne. So sollten sie erst nach den Eisheiligen ins Freiland gepflanzt bzw. gesät werden. Sie eignen sich für den Anbau in Kübeln und großen Töpfen, sollten dann aber eine Rankhilfe haben.

So geht es:
Ab Mitte Mai ins Freiland. Gurken haben einen hohen Platzbedarf, wenn man sie am Boden kriechen lässt. Dann sollte man nur eine Reihe in der Mitte des Beetes einplanen und die Pflanzen auf einen Abstand von 15 - 20 cm setzen bzw. verziehen.

Ernte:
Je nach Sorte ab Mitte/Ende Juli. Frühe und regelmäßige Ernte fördert die Blüte und damit die Entwicklung weiterer Früchte. Frische Gurken kann man bis zu drei Wochen im Kühlschrank lagern.

Minitomaten

Cocktail- oder Minitomaten sind nicht nur wegen ihres süßen Geschmacks beliebt, sondern auch weil sie leicht angebaut werden können.
Sie können in Kübeln oder Balkonkästen ebenso wie in Hängeampeln wachsen. Es gibt viele verschiedene Sorten.

So geht es:
Das Wichtigste ist ein sonniger Ort, der geschützt vor Wind und Regen ist. Ab Mitte Mai können die vorgezogenen Minis ins Freiland. Der Pflanzabstand sollte 30 - 40 cm sein. Minitomaten brauchen nicht ausgegeizt werden, müssen aber regelmäßig an der Wurzel (Blätter trocken halten) gegossen werden.

Ernte:
Die ersten Früchte gibt es, je nach Sorte, bereits Ende Juli. Geerntet wird bis Oktober oder bis zum ersten Frost.

DAS GARTENJAHR IM KINDERGARTEN

Kürbis

Zucchini

Zwiebeln

Knoblauch

DAS GARTENJAHR IM KINDERGARTEN — Bestell-Nr. 12 251
Mit kreativen Ideen durch alle Jahreszeiten

KOHL VERLAG

Zucchini

Zucchini gibt es in vielen Arten: grün oder gelb, rund oder oval. Sie sollten erst nach den Eisheiligen Mitte Mai ins Freiland gesät werden, da sie frostempfindlich sind. Man kann sie ab März drinnen vorziehen. Sie brauchen viel Platz: Jede Pflanze benötigt etwa 1,5 - 2 m².

So geht es:
Lege 2 - 3 Samen zusammen 2,5 cm tief. Sobald die Pflanzen wachsen, lasse nur die kräftigsten Pflanzen stehen, da es sonst zu eng wird und die Pflanzen nicht genügend Licht und Luft bekommen. Sie brauchen einen warmen, sonnigen und geschützten Platz, dazu Nährstoffe, daher sollte man vor der Pflanzung Kompost in den Boden einarbeiten. Sobald die Pflanze zu blühen beginnt und sich Früchte bilden, solltest du regelmäßig gießen.

Ernte:
Wenn die Zucchini 10 - 15 cm lang ist, vorsichtig pflücken.

Kürbis

Sie eignen sich für Suppen, als gebratenes Gemüse, zum Basteln und vielem mehr. Beliebt ist der Hokkaido-Kürbis, weil man ihn nicht schälen muss. Die Kerne können für die nächste Saison als Saatgut aufbewahrt oder geröstet über Salat gestreut werden.

So geht es:
Kürbisse ab März vorziehen und erst Mitte Mai ins Beet auspflanzen.
Der Kürbis benötigt viele Nährstoffe. Daher pflanzt man ihn am besten gleich auf Kompost. Sind die Pflanzen erst einmal groß, benötigen sie kaum noch Pflege. Man braucht dann eigentlich nur noch zu gießen und zu ernten.
Um Schneckenbefall zu verringern und Fäulnis vorzubeugen, kann man unter die Früchte ein Brett oder einen Stein legen.

Ernte:
Sobald der Kürbis groß genug ist, vorsichtig von der Pflanze abschneiden.

Knoblauch

Knoblauchzehen werden Mitte September bis Anfang Oktober oder im Frühjahr von Mitte Februar bis Mitte März gesetzt. Am einfachsten lässt sich Knoblauch in einem kleinen Beet pflanzen.

So geht es:
Stecke die Knoblauchzehen mit der Spitze nach oben etwa 4 - 5 cm in die Erde hinein. Mit einem Pflanzholz oder dem Stiel einer kleinen Schaufel kannst du das Loch „vorbohren".
10 - 15 cm Abstand sind richtig.
Am Schluss musst du die Löcher wieder verschließen und etwas gießen.

Ernte:
Der Knoblauch ist reif, wenn das obere Drittel der Blätter welk ist. Trocknen lassen und kühl und trocken aufbewahren. Wie bei Zwiebeln kann man einen Zopf flechten.

Zwiebeln

Wer im Herbst Zwiebeln ernten möchte, kann diese einfach aus Steckzwiebeln ziehen. Das sind Mini-Zwiebeln, die ab April im Garten gesteckt werden. Aus jeder Steckzwiebel entwickelt sich eine dicke Zwiebel.

So geht es:
Man drückt die Steckzwiebeln im Abstand von etwa 10 cm reihenweise flach in die Erde. Die beste Zeit ist Anfang April.

Ernte:
Zwiebeln werden im Herbst geerntet, wenn das Kraut dürr und gelb geworden ist. Das Gemüse einfach aus der Erde ziehen und zum Abtrocknen ausbreiten. Später kann man die Zwiebeln zu mehreren zusammenbinden oder einen Zwiebelzopf flechten und an einem luftigen Ort aufhängen. Bei Bedarf werden jeweils die unteren Zwiebeln abgeschnitten.

DAS GARTENJAHR IM KINDERGARTEN
Lernen mit Erfolg

Lauch (Porree)

Blumenkohl / Brokkoli

Kartoffeln

Kohlrabi

DAS GARTENJAHR IM KINDERGARTEN — Bestell-Nr. 12 251
Mit kreativen Ideen durch alle Jahreszeiten

KOHL VERLAG

Blumenkohl und Brokkoli

Vom Blumenkohl und Brokkoli verzehren wir die Blütenstände mit dem Stängel.

So geht es:
Du kannst Blumenkohl und Brokkoli aussäen und vorziehen. Bei den meisten Kohlsorten empfiehlt es sich jedoch, Jungpflanzen zu kaufen. Bis Ende Juli kannst du beide Arten bei einem Pflanzabstand von 50 x 50 cm in den Garten setzen. Sie brauchen regelmäßig Wasser und Dünger.

Ernte:
Brokkoli: Nach etwa 7 Wochen kannst du die einzelnen Brokkoli-Röschen ernten.

Blumenkohl: Etwa 2 - 3 Monate nach der Pflanzung, sobald der Kopf groß genug ist und sich fest anfühlt. Schneide den ganzen Strunk mit dem Blütenstand (Kohlkopf) ab.

Lauch (Porree)

So geht es:
Meist wird Porree vorgezogen, bevor die Pflänzchen ins Freiland gesetzt werden. Kürze vor dem Auspflanzen die Wurzeln und die Blätter ein wenig. Bohre im Abstand von 15 cm kleine Löcher in den Boden, in die du jeweils eine Stange setzt und drücke anschließend die Erde an. Zwischen den Reihen sollte 25 cm Abstand sein. Damit der Schaft weiß bleibt, sollte man die Pflanzen hin und wieder anhäufeln.

Ernte:
Wenn die Stange dick genug ist (etwa 3 cm) kann man den Porree ernten. Lockere die Erde entlang der Reihe mit einem Spaten oder einer Grabegabel, und ziehe die Pflanzen vorsichtig heraus. Die Wurzeln und die oberen Teile der Blätter kannst du abschneiden und im Garten liegen lassen.

Kohlrabi

Es gibt blaue und weiße Sorten. Direkt ins Freiland kann ab Ende März gesät werden. Man kann aber auch vorgezogene Pflänzchen kaufen. Es ist wichtig, Kohlrabi nicht zu tief zu setzen, damit sie auch eine ordentliche Knolle ausbilden.

So geht es:
Gesät wird in Reihen mit 30 cm Abstand. Alle 15 cm jeweils 3 Samen in die Erde legen. Wenn die ersten Blättchen aus der Erde hervorgucken, musst du aus jeder Gruppe die beiden mickrigsten Pflänzchen ausreißen. Jede Pflanze sollte später etwa 25 x 25 cm Platz haben.

Ernte:
Die Knollen sollten geerntet werden, sobald sie ihre endgültige Größe (siehe Samentütchen) erreicht haben, denn viele Sorten werden holzig, wenn sie zu lange stehen. Meist ist das Anfang August.

Kartoffeln

Kartoffeln ab Ende Februar vortreiben. Dafür einen Eierkarton nehmen und in die Vertiefungen Erde füllen. Die Saatkartoffeln werden bis zur Hälfte in diese Erde gesteckt. Anschließend an einen 10 - 15 Grad warmen Platz stellen. Wichtig ist, dass die Kartoffeln viel Licht bekommen. Gepflanzt wird ab Anfang April in einem Abstand von mindestens 35 cm. Der Reihenabstand sollte etwa 70 - 80 cm betragen. Mit den Keimen nach oben kommen die Kartoffeln etwa 10 cm tief in die Erde.

Tipp:
Kartoffeln nie neben Tomaten pflanzen. Wenn die ersten Triebe etwa 20 Zentimeter hoch sind, sollten Kartoffeln regelmäßig mit Erde angehäufelt werden. Rund drei Monate nach dem Pflanzen kann die Ernte beginnen. Das zeigt sich an gelb-bräunlich und verdorrten oberirdischen Pflanzenteilen.

DAS GARTENJAHR IM KINDERGARTEN

2 Gemüse

Kartoffeln im Pflanzsack

Pflanzanleitung für Kartoffel-Pflanzsack (120 l Laubsack)

Man braucht:

● Sie benötigen zusätzlich zu diesem Pflanzsack noch ca. 40 Liter Erde und 3 - 4 Saatkartoffeln.

So geht es:

● Lasse ein paar Kartoffeln auf dem Fensterbrett liegen und warte, bis sich Keime bilden.

● Falte den Sack vollständig auf. Stelle den Pflanzsack auf einen Untersetzer.

● Bringe ihn an seinen endgültigen Platz.

● Fülle ca. 20 cm Erde in den Pflanzsack.

● Pflanze nun die Kartoffeln ca. 5 - 7 cm in die Erde, indem die Triebe mit der oberen Hälfte nach oben schauen. (siehe Zeichnung 1). Den Rand des Sackes stülpt man etwas um, damit Sonnenlicht dazu kann.

● Gieße nach Bedarf. Zu Beginn des Wachstums mögen die Pflanzen es gerne feucht. Die Pflanzsäcke sind mit Drainage-Löchern ausgestattet, sodass überschüssiges Gießwasser abfließt und Staunässe verhindert wird.

● Nach ca. 2 - 3 Wochen hat sich aus allen Trieben der Kartoffeln schon ca. 20 cm langes Kraut gebildet (Zeichnung 2). Nun schüttet man vorsichtig erneut ca. 20 cm Erde in den Pflanzsack und deckt damit das Kraut vollständig ab.

● Das wiederholst du noch einmal, sobald sich wieder Grün zeigt.

● Wenn sich die nächsten grünen Blättchen zeigen, lässt du deine Pflanzen wachsen und blühen. Vergiss nicht zu gießen. Erst wenn sie verblüht sind, kannst du aufhören zu gießen.

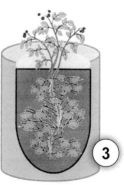
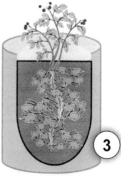

● Nach ca. 120 - 130 Tagen kannst du deine Kartoffeln durch Öffnen der vorderen Lasche ernten.

● Eine frühe Kartoffelsorte ist fertig, sobald die Blumen verblüht sind, eine späte Sorte, wenn das Kraut verwelkt ist.

Ein alljährliches **Kartoffelfest** mit anschließendem Kartoffel-Lagerfeuer stellt einen schönen Ausklang der Gartensaison dar.

DAS GARTENJAHR IM KINDERGARTEN – Bestell-Nr. 12 251
Mit kreativen Ideen durch alle Jahreszeiten
KOHL VERLAG
Lernen mit Erfolg

Domino – So wächst die Möhre

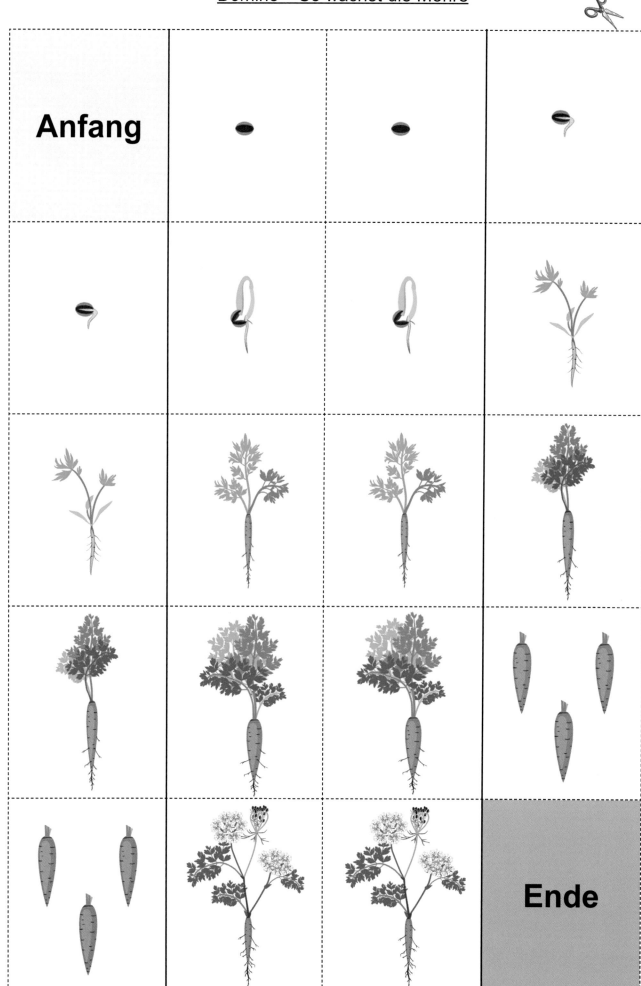

Ein Bohnentipi pflanzen

Ihr braucht:

6 Äste oder Stangen, etwa 2 m lang, Schnur, Stangenbohnensamen, einen freien Platz.

Mitte bis Ende Mai werden sechs etwa 2 Meter hohe Stangen zu einem Tipi aufgestellt und in den Boden gesteckt. Dann werden die Stangen oben mit einer Schnur fest verbunden. Damit sich die Bohnen schön hochranken können, haben wir zusätzlich noch zwei Reihen Schnur um das Tipi gebunden. Dann werden um jede Stange herum 2 - 3 Bohnensamen in die Erde gelegt. Sie keimen besser, wenn sie vorher einen Tag in Wasser eingeweicht wurden.
Ganz wichtig: immer gießen: Die Bohnen müssen unter der Erde liegen, denn sie sind Dunkelkeimer.

Beetmarkierung mit Steinen

Ja, wo wurde denn nun was gesät? Große, bemalte Steine geben einen Überblick.

Ihr braucht:

- große, glatte Kieselsteine
  (oder kleine Fliesen ca. 10 x 10 cm aus dem Baumarkt)
- wasserfeste (Acryl-) Farben, Bleistift, Pinsel

So geht es:

- Reinigt die Steine gründlich und trocknet sie.
- Zeichnet mit Bleistift das Gemüse/die Kräuter oder Blumen auf.
- Malt die Bilder mit wasserfesten Farben aus.
- Lasst die Farbe gut trocknen.
- Legt die Steine dann zu euren Saatreihen oder kleinen Pflanzen in den Garten.

Tipp: Für eure kleinen Pflanzen in den Anzuchttöpfen lassen sich aus Eisstielen Sticker basteln, die zeigen, was denn da wächst. Dazu könnt ihr Bilder ausschneiden und auf die Stiele kleben oder auf kleine Pappkärtchen malen.

Bestell-Nr. 12 251 — DAS GARTENJAHR IM KINDERGARTEN Mit kreativen Ideen durch alle Jahreszeiten KOHL VERLAG

3 Der Kräutergarten

Überblick

Das Kräuterbeet

Mit einem Kräuterbeet lernen Kinder die vielfältigen Aromen der Natur kennen. Frisch verarbeitet oder getrocknet, lassen sie sich zum Würzen verwenden oder zu Tee, Limonade und Naturarznei verarbeiten. Abhängig von den gewählten Sorten können Sie gemeinsam Setzlinge vorziehen bzw. kaufen oder Samen direkt ins Beet aussäen.

Tipp: Kleine Kinder tun sich häufig noch schwer mit der Aussaat der zum Teil winzigen Samenkörner. Einfacher geht es mit sogenannten Saatbändern.

Der Teekräutergarten

Pfefferminze und Zitronenmelisse eignen sich hervorragend zur Bereitung von Tees und Kaltgetränken. Pfefferminze und Zitronenmelisse haben ein sehr einnehmendes Wesen. Sie vermehren sich rasant – erst unbemerkt unter der Erde. Damit die beiden nicht andere Pflanzen überwuchern, empfiehlt sich die Pflanzung in einem Kasten oder Kübel.

Der Pizza- und Pasta-Kräutergarten

Nudeln und Pizza gehören zu den absoluten Lieblingsspeisen der meisten Kinder. Die typischen Gewürze sind pflegeleicht und lassen sich an einem sonnigen Plätzchen zu einem kleinen Kräutergarten zusammenstellen: Basilikum, Oregano, Thymian und Rosmarin. Jetzt noch ein paar Tomaten sowie Knoblauch ins Nachbarbeet gepflanzt und dem italienischen Essen steht nichts mehr im Weg.

Es muss nicht immer Limonade sein ...

Einige Scheiben Bio-Zitrone, ein Zweig Melisse oder Pfefferminze mit einem Liter Mineralwasser auffüllen und kühl stellen – eine ideale Erfrischung für warme Sommertage!

Duftreise

Vorbereitung:

- Füllt sauber gespülte, undurchsichtige Joghurtbecher mit verschiedenen Kräutern.

- Spannt ein Stück Alufolie über den Becher und befestigt es mit einem Gummiring.

- Stecht vorsichtig einige Löcher in die Folie, z. B. mit einem Zahnstocher.

- Die richtigen Namen unter die Becher schreiben!

- Nun dürfen alle riechen und die Gewürze richtig zuordnen! Wer hat die beste Nase? Wer kennt sich am besten aus?

DAS GARTENJAHR IM KINDERGARTEN

Lernen mit Erfolg

Petersilie

Schnittlauch

Dill

Borretsch

DAS GARTENJAHR IM KINDERGARTEN — Bestell-Nr. 12 251
Mit kreativen Ideen durch alle Jahreszeiten

KOHLVERLAG

3 Der Kräutergarten

Schnittlauch

Aussaat:
Drinnen ganzjährig möglich, draußen ab März direkt ins Freiland.

Standort:
sonnig bis halbschattig, feucht

Ernte:
Drinnen bei laufender Saat ganzjährig möglich, draußen bis zum Einbruch des Winters. Schnittlauch ist mehrjährig und zeigt im späten Frühjahr eine schöne Blüte.

Verwendung:
Schnittlauch passt zu Kräuterquark, zu Suppen, Gemüse, Salat, Kartoffeln und zu Eierspeisen. In Röllchen geschnitten, lässt er sich in einer Plastikdose gut einfrieren.

Petersilie

Aussaat:
Von März bis in den Herbst hinein direkt ins Freiland.

Standort:
sonnig bis halbschattig auf feuchtem Boden

Ernte:
Fortlaufend ab dem Frühsommer möglich.

Verwendung:
Für Suppen und Saucen, zu Gemüse und Kartoffeln, Kräuterquark, Eierspeisen und Salaten. Fein gehackt, lässt sich Petersilie in einer Plastikdose gut einfrieren.

Petersilie gibt es mit glatten und krausen Blättern. Wer sie selbst aussät, muss Geduld haben: Bis zu einem Monat kann es dauern, bis die Samen keimen.

Borretsch (Gurkenkraut)

Aussaat:
Von März bis in den Sommer hinein direkt ins Freiland.

Standort:
sonnig bis halbschattig

Ernte:
Die Blüten und bevorzugt die jungen Blätter.

Verwendung:
Als Würzkraut für Gurken, aber auch zu Fleischgerichten und Salaten und für Suppen. Die blauen Blüten sind essbar, sie haben einen süßlichen Geschmack und werden gerne als Salatdekoration verwendet. Essig lässt die Farbe der Blüten in rot umschlagen.
Die Blüten können auch kandiert werden und so Süßspeisen verzieren. Sie werden dazu mit Eischnee bestrichen, mit Puderzucker bestreut und anschließend getrocknet.

Dill

Aussaat:
Von März/April bis in den Sommer hinein direkt ins Freiland. Für fortlaufende Ernte gelegentlich neu säen.

Standort:
sonnig bis halbschattig

Ernte:
Vor der Blüte können die Dillspitzen zum direkten Verzehr geerntet werden.

Verwendung:
Zu Erbsen und Möhren, Gurkensalat, Fischgerichten und Kräuterquark. Die reifen Samen nach der Blüte eignen sich zum Einlegen von Gewürzgurken und zum Kochen von Sauerkraut.

Dill kann getrocknet oder eingefroren werden.

Kresse

Liebstöckel

Pfefferminze

Zitronenmelisse

DAS GARTENJAHR IM KINDERGARTEN   Mit kreativen Ideen durch alle Jahreszeiten   —   Bestell-Nr. 12 251

KOHL VERLAG

Liebstöckel (Maggikraut)

Liebstöckel kann 1 - 2 m hoch werden und braucht daher genügend Platz!

Aussaat:
Ab April ins Freiland setzen.

Standort:
sonnig

Ernte:
Von Mai bis weit in den Herbst hinein können junge Blätter geerntet werden.

Verwendung:
Frisch für herzhafte Fleischgerichte und leckere Suppen. Liebstöckel ist mehrjährig und winterhart.

Er lässt sich nicht trocknen, aber einfrieren. Die Blütenstände sollten entfernt werden.

Kresse

Aussaat:
Ganzjährig drinnen (auf Watte) möglich, im Freiland ab März in Reihen mit 10 cm Abstand.

Standort:
Kresse mag es hell und warm.

Ernte:
Fortlaufend etwa ein bis zwei Wochen nach der Aussaat, wenn immer neu gesät wird.

Verwendung:
Kresse schmeckt als Brotbelag, zu Salaten, im Kräuterquark und in Soßen.

Sie hat eine sehr kurze Keimdauer.
Man kann sie aber auch nur einmal verwenden, da sie nach dem Abschneiden nicht mehr nachwächst.

Zitronenmelisse

Aussaat:
April bis in den Spätsommer hinein direkt ins Freiland.

Standort:
Zitronenmelisse mag einen nährstoffreichen, durchlässigen Boden, dazu lieber Halbschatten als pralle Sonne.

Ernte:
Wenn ihr die Blätter für Salat und als Tee verwenden wollt, solltet ihr sie allerdings vor der Blüte ernten. Dann ist sie nämlich am aromatischsten.

Verwendung:
Als Tee oder im Salat.
Wie viele andere Kräuter können auch Pfefferminze und Zitronenmelisse getrocknet werden. Am einfachsten ist es, die abgeschnittenen Triebe zu Sträußen binden.

Pfefferminze

Aussaat:
Vorziehen ab März an einem warmen Platz; Aussaat direkt ins Freiland ab Mitte Mai.

Standort:
Minze mag einen halbschattigen Standort im Kräutergarten mit feuchter, nährstoffreicher Erde. Und das am besten in einem Einzelzimmer: Sie vermehrt sich über unterirdische Ausläufer und verdrängt so gern ihre Mitbewohner.

Ernte:
Sobald die Pfefferminze genügend Blätter ausgebildet hat, könnt ihr laufend ein paar davon abpflücken. Die Haupternte sollte erfolgen, wenn die Pflanze zu blühen beginnt.

Verwendung:
Man kann einen Tee zubereiten oder leckere Gerichte (z. B. Tzaziki oder Couscous-Salat) damit abschmecken.

Oregano

Rosmarin

Thymian

Basilikum

Bestell-Nr. 12 251

DAS GARTENJAHR IM KINDERG.
Mit kreativen Ideen durch alle Jahres.

KOHL VERLAG

Rosmarin

Aussaat:
März bis Frühsommer direkt ins Freiland.
Alternativ kann man eine Pflanze kaufen und
ins Beet setzen.

Standort:
Rosmarin mag einen sonnigen, trockenen
Standort. Aber ob er einen frostig-kalten Winter
im Freien übersteht, weiß man nie genau.

Ernte:
Die Nadeln solltet ihr allerdings nicht einzeln,
sondern mit dem gesamten Zweig ernten.
Zu einem Strauß gebunden und kopfüber
aufgehängt, könnt ihr Rosmarin trocknen.

Verwendung:
Frisch oder getrocknet verfeinert er nicht nur
Kartoffeln und Gemüse aus dem Backofen,
sondern auch Brot, Fleisch- und
Fischgerichte.

Echter Oregano

gilt als das Pizza-Gewürz schlechthin.

Aussaat:
Bis April an einem warmen Platz vorziehen, ab
Mai ist die Aussaat direkt ins Freiland möglich.

Standort:
Die Pflanze bevorzugt einen nährstoffarmen,
sonnigen und warmen Standort im Garten und
ist bedingt winterhart.

Ernte:
Fortlaufend können frische Triebe und Blätter
ab dem Frühsommer bis in den Herbst hinein
geerntet werden.

Verwendung:
Oregano passt prima zu Tomaten, Pasta, Pizza,
Geflügel, Fleisch …

Basilikum

Aussaat:
Kann man ab Ende April direkt in ein warmes,
sonniges Gartenbeet mit humus- und nährstoffreicher, gleichmäßig feuchter Erde aussäen.

Standort:
Basilikum gedeiht am besten an einem
sonnigen Standort.

Ernte:
Um vorzeitiges Absterben zu verhindern, sollte
man nicht nur einzelne Blätter abzupfen, sondern
immer die Stängel mit abschneiden – nur so
bilden sich an den Schnittstellen neue Triebe.
Der Boden sollte immer feucht sein.

Verwendung:
Basilikum schmeckt u. a. zu Tomaten, Salaten,
Fleisch- und Nudelgerichten.
<u>Tipp:</u> Basilikum nicht mit kochen. So bleibt das
volle Aroma und die Farbe erhalten.

Thymian

Aussaat:
Ab April ins Freiland setzen.

Standort:
Die Pflanze ist pflegeleicht und fühlt sich an
einem trockenen, sonnigen Platz am wohlsten.

Ernte:
Vom späten Frühjahr bis in den Herbst, verwendet werden die frischen Blätter und Triebe.

Verwendung:
Getrocknet oder frisch besonders für die
mediterrane Küche zu Fleischgerichten,
Geflügel, Fisch, Saucen.
Thymian gilt als antibakteriell, entzündungs-
hemmend und schleimlösend und wird daher
bei Husten und Bronchitis angewandt.

Thymian ist mehrjährig und eignet sich
wunderbar als blühender Bodendecker.

4 Obst

Am Apfelbaum

Ist genug Platz vorhanden, so kann man auch einen Obstbaum pflanzen, am besten Apfel oder Birne. Hier können Halbstämme oder sogar Buschbäume gewählt werden, bei denen die Krone tiefer ansetzt, sodass auch Kinder ohne große Mühe das Obst ernten können.

Zum Vorlesen:

Es ist Anfang Februar. Auf dem Apfelbaum liegt noch Schnee. Seine Zweige sind noch ganz kahl.

Im April bilden sich am Apfelbaum die neuen Blätter. Zwischen den Blättern schauen die ersten kleinen Blüten hervor. Die Blüten der Apfelbäume sind weiß bis rosa. Anfang Mai ist der Baum über und über mit Blüten bedeckt.

Die Blüten bestehen aus 5 Blättern. In der Mitte ragen 10 bis 20 gelbliche Stielchen in die Höhe. Es sind

die Staubblätter. Dort wachsen auch fünf Stempel. Daraus entwickelt sich der Apfel.

Bienen und andere Insekten mögen den süßen Nektar in den Blüten. Sie streifen dabei einige Körnchen Blütenstaub ab. Der bleibt an ihren Beinen hängen. Wenn sie nun zu einer anderen Blüte fliegen, gelangt etwas von diesem Blütenstaub auf diese Blüte. Diesen Vorgang nennt man Bestäubung.

Schon nach wenigen Tagen ist die Blütezeit vorbei. Der Boden unter dem Baum ist mit Blütenblättchen übersät. Aus den bestäubten Blüten entwickeln sich die jungen Äpfel. In ungefähr 3 - 4 Monaten werden sie reif sein. Damit sich die Äpfel gut entwickeln können, braucht der Baum Nährstoffe und vor allem viel Wasser.

Im Spätsommer oder im Herbst werden bei uns die meisten Äpfel reif. Einen reifen Apfel erkennt man an den braunen Kernen im Kerngehäuse.

Man kann Äpfel aber nicht nur einfach essen. Man kann Apfelsaft daraus machen oder ein leckeres Apfelkompott, oder Apfelkuchen, Apfelpfannkuchen ... Im Winter schmeckt auch ein Bratapfel mit Vanillesoße gut.

DAS GARTENJAHR IM KINDERGARTEN – Bestell-Nr. 12 251
Mit kreativen Ideen durch alle Jahreszeiten
KOHL VERLAG

Erdbeeren

Beerenobst – die Naschecke

Eine Naschecke mit bunter Beeren-Auswahl eignet sich schon für unsere Kleinsten. Eine sonnige Ecke mit Erdbeeren und Himbeeren wird sich zur Erntesaison schnell zum beliebtesten Fleckchen im Garten entwickeln.

Erdbeeren aus dem eigenen Garten zählen einfach zu den leckersten der Welt. Sie sind anspruchslos und benötigen nur wenig Pflege. Sie zählen zu den mehrjährigen Pflanzen. Jedoch sollte alle paar Jahre eine Verjüngung durch eigene Ableger erfolgen. Ein Erdbeerkuchen oder eine Süßspeise ist im Nu daraus gezaubert. Aber wahrscheinlich bleibt von der Ernte kaum etwas übrig bei der Näscherei ... Erdbeeren passen sich perfekt dem Kindergarten- oder Schuljahr-Rhythmus an: Im August/September trennen die Kinder die Ausläufer ab, pflanzen sie an anderer Stelle ein und düngen alle Pflanzen mit Kompost. Im Winter ruht das Erdbeer-Beet. Im Frühjahr benötigen Erdbeeren nur wenig Pflege. Die Pflanzen werden mit Stroh unterlegt (eine tolle Aufgabe für Kinder). Im Mai/Juni schließlich kommt das absolute Highlight, die Ernte. Am besten direkt vom Strauch in den Mund, aber auch zum Marmeladekochen ...

Weinstock

Der Frühsommer ist der beste Zeitpunkt zum Pflanzen, eine Pflanzung im Herbst ist aber ebenfalls möglich. Wein sollte immer in Südlage, möglichst vor einer Steinmauer oder Hauswand gepflanzt werden. Die Steine speichern die Wärme und schützen die Pflanze auch nachts vor Kälte. Ein Spalier hilft der Pflanze beim Ranken.

Den Wein so einpflanzen, dass er leicht geneigt Richtung Rankhilfe wächst. Das Pflanzloch sollte etwa 50 Zentimeter tief und die Erde gelockert sein. Die Veredelungsstelle darf nicht mit eingepflanzt werden.

Nach dem Einpflanzen kräftig gießen. Als Dünger ist Kompost ideal. Wer eine reiche Ernte einfahren will, sollte im Juni im unteren Teil der Pflanze, um die Wurzel herum, die Triebe vom Weinstock entfernen.

Weintrauben sind sehr lecker, aber auch das bunte Farbenspiel der Blätter im Herbst ist wunderschön anzusehen.

DAS GARTENJAHR IM KINDERGARTEN

Himbeeren und Brombeeren

Brombeeren und Himbeeren kann man als Säule im Topf ziehen oder an einem Spalier ranken lassen.
Bevor es ans Pflanzen geht, sollte man eine Rankhilfe bauen (oder kaufen). Das können zwei Pfähle sein, zwischen denen im Abstand von etwa 50 cm Drähte gespannt werden. Auch ein einfacher Stab ist möglich, der besonders in einem Kübel genügend Halt gibt.

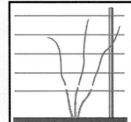

Beide Beeren lieben einen warmen, sonnigen, windgeschützten Standort. Staunässe und schwere Lehmböden mögen die Beerensträucher nicht. Wer nur lehmigen Boden im Garten hat, kann diesen mit Kompost, Laub oder Sand anreichern.

Ab Juli geht es los mit der Ernte von Himbeeren und Brombeeren. Je nach Region können dann alle Beeren bis in den späten September hinein geerntet werden. Die richtige Reife der Brombeeren erkennt man nicht nur an der dunklen Farbe, sondern auch, wenn sie weich sind und sich leicht vom Zweig lösen. Übrigens gibt es auch Brombeer-Sorten, die keine Dornen haben.

Brombeeren und Himbeeren schneiden

Früchte tragen die Ruten des Vorjahres, nach der Ernte schneidet man sie kurz über dem Boden ab. Von den diesjährigen, noch weichen Jungtrieben bleiben bei Brombeeren sechs, bei Himbeeren bis zu acht kräftige Triebe stehen, die im kommenden Jahr Früchte tragen. Die übrigen entfernt man ebenso wie alle Ausläufer.

Johannisbeeren

Sie sind pflegeleicht und auch für kleine Gärten geeignet. Im Gegensatz zu anderen Beerenfrüchten werden sie tief gepflanzt, der Ballen sollte ganz unter der Erde verschwinden. Der Abstand zwischen den Pflanzen sollte etwa 1 - 1,5 Meter betragen. Beim Schnitt kommt es auf die Sorte an: Bei roten Johannisbeeren nur zwei bis drei ältere, verholzte Zweige bodentief entfernen, bei schwarzen auch einige jüngere Triebe abschneiden, sodass etwa acht bis zehn Haupttriebe stehen bleiben. Johannisbeeren reifen ab Ende Juni. Gepflückt wird die ganze Rispe. Die Beeren lassen sich, gewaschen und entstielt, hervorragend einfrieren.
Johannisbeeren kann man einfach über Steckhölzer vermehren. Dazu müssen Sie nur nach der Ernte von einem bereits vorhandenen Johannisbeerstrauch ca. 20 Zentimeter lange, einjährige Triebe abschneiden, unten entblättern und in einen Topf mit feuchter, sandiger Erde stecken. Bereits im Folgejahr kann die kleine Pflanze dann in den Garten ausgepflanzt werden.

5 Die Blumen

Viele Blumen sind essbar

Blumen gehören in jeden Garten, vor allem, wenn die vielen bunten Blüten auch noch essbar sind wie Kapuzinerkresse, Borretsch (Gurkenkraut) oder Ringelblume.

Bei den folgenden Sorten sind entweder die Blüten, die Kerne oder die gesamte Pflanze essbar: Ringelblume – blüht bis in den Oktober hinein, die Blüten sind essbar und eignen sich zur Herstellung einer natürlichen Wund- und Heilsalbe. Sonnenblume – beeindruckt durch ihren imposanten Wuchs, lockt Insekten an und ihre Kerne können verspeist oder verfüttert werden. Kapuzinerkresse – Blüten und Blätter sind essbar. Gänseblümchen - die Knospen sowie die nur halb geöffneten Blüten schmecken angenehm nussartig, die geöffneten Blüten dagegen leicht bitter.

Kunterbunte Insektenwiese / Bienenweide

Auch als Nahrung für Bienen und Insekten sollten Blumen nicht fehlen. Sät am besten eine kleine, farbenfrohe Blumenwiese (für die Mini-Version reicht auch ein Balkonkasten), die Bienen, Schmetterlinge und andere kleine Tiere anlockt. Sie kann den Tierchen gleichzeitig als Nahrungsquelle dienen. Am einfachsten gelingt es mit einer speziellen Samenmischung für Bienen, Hummeln und Schmetterlinge.

Glücklicherweise gibt es viele bunt blühende und ebenso schöne Alternativen. Einige Beispiele sind Fächerblume, Kapuzinerkresse, Verbene, Glockenblume, Löwenmäulchen oder der duftende Lavendel. Auch Margeriten, Sonnenblumen und Strohblumen sehen im Garten gut aus und sind den Kindern schnell bekannt. Die Auswahl ist riesig, einige Vertreter werden hier vorgestellt.

Zum Vorlesen:

Warum sind Hummeln, Bienen und Schmetterlinge so wichtig?

Bienen, Hummeln und auch Schmetterlinge sind nicht nur schön anzuschauen, sie sind auch ganz wichtig für die Vermehrung vieler Pflanzen sowie für die Bestäubung von Obst und Gemüse wie z. B. Tomaten oder Apfelbäumen – ohne sie gäbe es keine Früchte.

Es muss nicht immer ein großer Garten sein, der unseren Bienen einen Lebensraum und ausreichend Nahrung bieten kann. Balkonblumen und Küchenkräuter schaffen im Nu einen bienenfreundlichen Lebensraum.

DAS GARTENJAHR IM KINDERGARTEN

Kapuzinerkresse

Ringelblumen

Sonnenblumen

Schwarzäugige Susanne

DAS GARTENJAHR IM KINDERGARTEN — Bestell-Nr. 12 251
Mit kreativen Ideen durch alle Jahreszeiten
KOHL VERLAG

Ringelblumen

sind aufrecht und buschig wachsende einjährige, krautige Sommerblumen. Sie werden je nach Standort und Sorte 20 - 60 cm hoch. Die Blüten der Heilpflanze kannst du essen und für Salben und Tinkturen verwenden. Ringelblumen säen sich im Herbst reichlich aus und im Frühjahr erscheinen die neuen Sämlinge im Beet.

Aussaat:
Ringelblumen kannst du von März bis Ende August aussäen. Sie blühen ab Mai bis zum Frost in verschiedenen Gelb- und Orangetönen.

Standort:
Als ideal gilt ein sonniger Standort mit durchlässigem, leicht lehmigem Boden.

Kapuzinerkresse

ist ein Tausendsassa in Beet und Kübel. Sie sollte in keiner Bienenweide fehlen: Die gelben, orangen oder roten Blüten blühen ab Juni und machen sie zu einer tollen Blume für Bienen. Die Kapuzinerkresse ist aber auch essbar – die Blüten genauso wie die Blätter und die eingelegten Samen.

Aussaat:
Die frostempfindliche Pflanze kannst du im Mai in nährstoffreichen Boden aussäen, rankende Sorten lassen sich an Spalieren und Zäunen ziehen.

Standort:
Als ideal gilt ein sonniger bis halbschattiger Standort.

Schwarzäugige Susanne

ist eine einjährige, krautige Kletterpflanze und erreicht Höhen von 1 bis 2 Metern. Sie windet sich flink an Spalieren, Pergolen oder ganz einfachen Holzstäben in die Höhe. Ohne Kletterhilfe wird sie zur schönen Hängepflanze für Kästen, Pflanzgefäße oder Blumenampeln mit weißen, gelben oder orangenen Blüten.

Aussaat:
Zwischen Februar und April im Warmen, nach den Eisheiligen können die Pflänzchen ins Freiland gesetzt werden.

Standort:
Am besten ist ein warmer, sonniger und windgeschützter Platz.

Sonnenblumen

sind im wahrsten Sinne des Wortes große Bienenweiden. Ihr Kopf beinhaltet auch viele Tausend kleine Blüten, die süßen Nektar produzieren. Die Farben der Blütenblätter zeigen von sonnengelb bis rotbraun viele Farben. Die Kerne dienen im Winter als Vogelfutter.

Aussaat:
Von Mai bis Anfang Juli ausgesät, blüht die Sonnenblume von Juli bis Ende Oktober.

Standort:
An sonnigen Standorten mit nährstoffreichem Boden können manche Sorten mehrere Meter hoch werden.

Strohblumen

Löwenmäulchen

Glockenblumen

Astern

DAS GARTENJAHR IM KINDERGARTEN — Bestell-Nr. 12 251
Mit kreativen Ideen durch alle Jahreszeiten
KOHL VERLAG

Löwenmäulchen

blühen von Juli bis Oktober.
Sie sind nicht winterhart, aber ihre Samen
können sich problemlos über die Wintermonate
in der Erde halten und im nächsten Frühjahr
von alleine wieder neu entfalten.
Auch im Topf oder Kübel kann man
sie ansiedeln.

Aussaat:
Sie können Ende April bis Anfang Mai im Garten
ausgesät werden.

Standort:
Sie brauchen je nach Sorte einigen Platz
und Sonne.

Strohblumen

sehen nicht nur im Garten, sondern auch in
Trockensträußen richtig toll aus. Sie sind in einer
bunten Mischung mit rosa, roten, orangen,
weißen und gelben Blüten erhältlich.
Zum Trocknen schneidet man die halbgeöffnete
Blüte mit einem langen Stiel ab und hängt sie
an einem kühlen, dunklen Ort auf.

Aussaat:
Sie können bereits ab April am Fensterbrett
vorgezogen oder ab Mitte Mai direkt im Garten
ausgesät werden.

Standort:
Strohblumen mögen die volle Sonne und
einen trockenen Boden.

Astern

Wenn andere Gartenblumen bereits verblüht
sind, erstrahlt die Aster bis spät in den Herbst
und bietet besonders für Schmetterlinge,
Hummeln und Bienen eine Nahrungsquelle.
Die ersten Blumen blühen bereits ab Mai, späte
Sorten vom September bis in den November.
Von wenigen Zentimetern bis zu drei Metern
Höhe ist bei den „Sternblumen" alles dabei.
Die Farben reichen von Violett, Lila und Laven-
delblau über Karmin- und Purpurrot bis hin
zu Rosa und Weiß.

Aussaat:
Ins Freiland ab Mitte Mai nach dem letzten
Frost säen. Vorziehen im Topf zwischen
März und April.

Standort:
Sonnig bis halbschattig, feucht halten.

Glockenblumen

Leicht erkennbar sind Glockenblumen an ihren
glocken-, röhren- oder sternförmigen Blüten,
die sich je nach Art und Sorte zwischen Juni
und September öffnen.

Aussaat:
Ab Ende Mai direkt ins Beet, ab März drinnen vorziehen. Die nächste Aussaat geschieht von allein
nach der Blütezeit im Spätsommer oder Herbst
– wenn man die vertrockneten Blüten einfach
stehen lässt.

Standort:
Die Blumen gedeihen im Freien an fast jedem
Standort, der luftig und hell ist.
Besonders während der Blütezeit sollte die
Pflanze regelmäßig gegossen und feucht
gehalten werden.

DAS GARTENJAHR IM KINDERGARTEN · Lernen mit Erfolg

Die Frühblüher

Meist ist das Schneeglöckchen der erste Frühlingsbote. Doch es gibt weitere Blumen, die uns den Frühling ankündigen. Dazu gehören u. a. Krokus, Primeln, Veilchen, Tulpen und Osterglocken. Sowohl Primeln als auch Krokusse gibt es in verschiedenen Farben, und bei Tulpen ist jede Farbe möglich. Die Zwiebeln (Tulpen, Osterglocken, Schneeglöckchen und Krokus) sollen vor dem ersten Frost in die Erde gesetzt werden.

Aufgabe: *Die Kinder sollen die Blumen erkennen und bunt ausmalen.*
EA

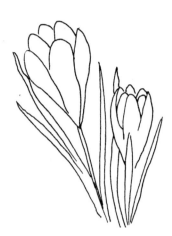
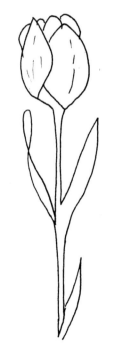

DAS GARTENJAHR IM KINDERGARTEN
Mit kreativen Ideen durch alle Jahreszeiten — Bestell-Nr. 12 251

KOHL VERLAG

5 Die Blumen

Von der Blumenzwiebel bis zur Blüte

Für Kinder ist es immer wieder faszinierend, das Wachsen von Pflanzen zu beobachten. Im Winter gibt es die Möglichkeit, die Frühblüher (sie wachsen meist aus Zwiebeln) im Zimmer zu betrachten. Hier gibt es zwei Möglichkeiten – eine für geduldige, die andere für weniger ausdauernde Betrachter:

1. Sie brauchen ein passendes Glas, eine Blumenzwiebel, evtl. ein Netz, um die Blumenzwiebel zu fixieren, und Wasser.

    Das Glas wird soweit mit Wasser gefüllt, dass es die Zwiebel gerade noch berührt. Wenn sich die ersten Wurzeln gebildet haben, sollte das Wasser etwa ½ cm unter der Wurzel stehen, weil sie sonst faulen kann.
    Das Glas mit der Zwiebel wird anfangs an einen kühlen, dunklen Ort gestellt. In 2 - 3 Monaten entwickeln sich die Wurzeln. Wenn sich Wurzeln gebildet haben und die Blütenknospe sichtbar wird, stellt man das Glas mit der Zwiebel in einen wärmeren Raum. Um den kleinen Trieb weiterhin abzudunkeln, kann man ihm ein Hütchen aus Papier aufsetzen.
    Sobald sich das Hütchen von der Zwiebel abhebt, weil der Trieb gewachsen ist, wird es abgenommen und die Hyazinthe darf in den Gruppenraum einziehen.
    Hier kann dann die weitere Entwicklung Schritt für Schritt – vom kleinen, grünen Spross bis hin zum Erscheinen der duftenden Blüten – beobachtet werden.

2. Im Blumenhandel, aber auch im Supermarkt oder sogar beim Discounter gibt es im Frühling vorgezogene Hyazinthen, die schon einen Trieb haben. Diese kann man sofort in den Gruppenraum stellen und so täglich das Wachsen und Gedeihen betrachten.

Die Kinder können ihre Beobachtungen schildern oder auch alle paar Tage ein Bild dazu malen. Nach 2 - 3 Wochen ergibt sich eine Bildergalerie, die die Entwicklung der Pflanze genau wiedergibt. Unten finden Sie eine Vorlage, die der Dokumentation dienen kann.

Montag	Donnerstag	...		

Ringelblumensalbe selber machen

Rezept für Calendula-Creme

Ringelblumensalbe oder Calendula ist in der Naturkosmetik sehr beliebt, denn Ringelblumen haben eine pflegende und zugleich heilende Wirkung.

Für eine Ringelblumensalbe benötigst du:

- 250 ml Bio-Olivenöl
- 25 g Bienenwachs
- 1 - 2 Tassen Ringelblumenblüten
- ein Sieb oder Leinentuch
- zwei Töpfe (am besten mit Gießer)
- 5 ausgekochte Gläser à 50 ml mit Deckel
  (Am besten eignet sich Braunglas, um die Salbe vor Licht zu schützen. Im Kühlschrank hält sie sich am längsten.)

So geht es:

- Die Ringelblumenblüten kleinschneiden. Diese gibst du dann in das Olivenöl und erhitzt es leicht für ca.15 Minuten. Das Öl dabei nicht zu heiß werden lassen.
- Siebe dann das Öl-Blütengemisch durch ein sauberes Tuch ab.
- Gib das Bienenwachs zum Öl hinzu und erhitze es nochmals leicht bis das Bienenwachs geschmolzen ist.
- Dabei immer gut rühren, damit sich die Wirkstoffe gleichmäßig verteilen.
- Jetzt kann die Salbe in die bereits ausgekochten Gläser gegeben werden. Lass den Deckel offen, bis die Salbe vollständig ausgekühlt ist.
- Um die Salbe vor Verunreinigungen zu schützen, kannst du so lange ein Tuch über die Gläser legen.

Kapuzinerkresse-Salat

Man benötigt:

- je eine Handvoll Blütenblätter, ganze Blüten und Blätter
- 2 EL kleingezupfte Rauke (Rucola)
- 1 gewaschener und kleingezupfter Kopfsalat
- 1 EL Himbeeressig
- 3 EL Olivenöl
- 1 durchgepresste oder ganz feingehackte Knoblauchzehe
- etwas Estragonsenf, Salz, Pfeffer

Alle Salatzutaten vorsichtig mischen, die Saucenzutaten gut verrühren, abschmecken und darüber geben, mit den ganzen Blüten verzieren. Einige blaue Borretschblüten geben noch Farbe. Hervorragend schmecken die Blätter auch mit Frischkäse und Eiergerichten.

Bestell-Nr. 12 251 – DAS GARTENJAHR IM KINDERGARTEN Mit kreativen Ideen durch alle Jahreszeiten  KOHL VERLAG

Unsere häufigsten Vögel – Memory und Beobachtung

Amsel	Amsel	Kohlmeise
	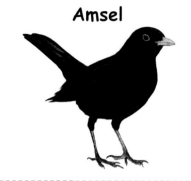	
Kohlmeise	**Blaumeise**	**Blaumeise**

Rotkehlchen	**Rotkehlchen**	**Sperling – Spatz**

Sperling – Spatz	**Taube**	**Taube**

Buchfink	**Buchfink**	**Elster**

Elster	Eichelhäher	Eichelhäher

Buntspecht	**Buntspecht**	**Zaunkönig**

Zaunkönig	**Schwalbe**	**Schwalbe**

Aufgabe – Beobachtung: *Jeder Vogel hat etwas Besonderes. Lesen Sie die Sätze vor.*
Die Kinder sollen die Karten anschauen und den richtigen Vogel zeigen.
Vielleicht lassen sich die Vögel auch im Garten entdecken?

1. Das **Amselmännchen** ist schwarz und hat einen orangen Schnabel.
2. Die **Kohlmeise** hat ein schwarzes Käppchen und eine gelbe Brust.
3. Die **Blaumeise** hat ein blaues Käppchen und eine gelbe Brust.
4. Bei **Rotkehlchen** sind Hals und Brust orangerot.
5. Der **Spatz** ist ein grau-brauner Vogel.
6. Die **Taube** ist grau mit weißen Flecken an den Flügeln und einem lila Fleck am Hals.
7. Der **Buchfink** hat ein hellgraues Käppchen, ist am Körper hellbraun und hat schwarz-weiße Flügel.
8. Die **Elster** ist schwarz-weiß und hat einen langen Schwanz.
9. Der **Eichelhäher** hat an den Flügeln blau-schwarze Federn.
10. Der **Buntspecht** ist schwarz-weiß mit roten Flecken am Nacken und Po.
11. Der **Zaunkönig** ist ein ganz kleiner brauner Vogel.
12. Die **Schwalbe** ist dunkelblau-weiß mit brauner Kehle und zwei langen Schwanzspitzen.

Tipp: Eine CD mit Vogelstimmen vermittelt den Kindern weiteres Wissen über die Vogelwelt.

Bestell-Nr. 12 251 – DAS GARTENJAHR IM KINDERGARTEN Mit kreativen Ideen durch alle Jahreszeiten

6 Die Gartenbewohner

Insektenhotel

Beim Gärtnern mit den Kindern sollte man besonders darauf achten, bei der Schädlingsbekämpfung keine Gifte zu nutzen. Setzen Sie stattdessen auf die natürlichen Gegenspieler von Läusen und Co. Zur Ansiedlung verschiedener Nützlinge kann man ein „Insektenhotel" bauen oder für wenig Geld anschaffen. Die neuen Nachbarn werden anschließend genau unter die Lupe genommen.

Wir legen einen Krabbeltierzoo an

Ein Krabbeltierzoo ist schnell angelegt und bietet vielfältige Beobachtungsmöglichkeiten. Es geht um Bodenlebewesen, die man noch gut mit dem Auge erkennen kann. Auch wenn vielleicht anfangs Igitt-Rufe zu hören sind, so sollten die Kinder wissen, dass ohne diese Kleinlebewesen ein Leben nicht möglich wäre. In den meisten Fällen legen die Kinder schnell die Abscheu vor Würmern und Asseln ab und werden neugierig.

Fragen, die kommen können: Wie heißen die Tiere? Hat der 1000 Füße? Wie sieht die Schnecke aus? Fressen die sich gegenseitig?

Der Tausendfüßler hat je nach Art ab 80 Beinpaare. Es gibt auch Hundertfüßler. Die Schnecke sieht durch die Fühler – auf jedem Fühlerende sitzt ein Auge. Wurm, Tausendfüßler, Saftkugler (rollen sich ein und glänzen) und Schnecke vertragen sich gut. Aber es gibt auch Raubkäfer, die sich unter der Platte wohlfühlen.

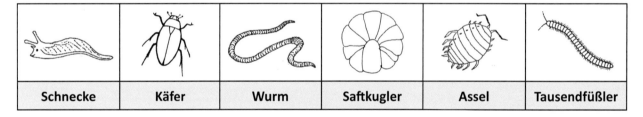

Schnecke	Käfer	Wurm	Saftkugler	Assel	Tausendfüßler

Ihr braucht:
- eine Steinplatte, Naturstein oder Gehwegplatte, etwa 40 x 40 cm, oder größer
- Laub, Ästchen, kleine Steine, Gießkanne

So geht es:
- Sucht unter einem Busch einen schattigen Platz.
- Die Erde an diesem Platz etwas auflockern.
- Nun etwas altes Laubmaterial, kleine Ästchen und ein paar Kieselsteine auf die lockere Erde legen. Anschließend kurz gießen.
- Die Steinplatte locker darüber legen. Etwas Laub an die Ränder verteilen, noch mal etwas Wasser darüber und der Zoo ist fertig.
- Bei längerer Trockenheit den Zoo hin und wieder über den Stein und die Ränder kurz gießen reicht. Auf keinen Fall nass halten.
- Nach ein paar Tagen kann der Zoo Eröffnung feiern und die Tiere können bestaunt werden. Einfinden werden sich: Würmer, Asseln, Schnecken, Saftkugler, Tausendfüßler, Käfer.
- Nach einem „Rundgang" im Zoo die Platte wieder drauflegen

6 Die Gartenbewohner

Nützliche Tiere

Igel, Kröten, Eidechsen, Blindschleichen und Vögel sind nicht nur beliebte Tiere im Garten, sie zählen auch zu den „Nützlingen". Daher sollte jeder Garten auch Verstecke und Lebensraum für diese Tiere bieten. Dazu gibt es eine Reihe kleinerer Tiere, die vielleicht nicht sehr beliebt, aber doch sehr nützlich sind.

Zum Vorlesen:

Die Bienen sammeln den Honig, Marienkäfer und Ameisen vertilgen Blattläuse, die sonst an unseren Pflanzen die Blätter abfressen würden. Der Regenwurm lockert die Erde auf und Schnecken fressen nicht nur unseren Salat, sondern sind auch „Müllabfuhr", sie fressen tote Tiere. Die Spinne fängt in ihrem Netz Mücken und Fliegen. Maikäfer sind Nahrung für manche Vögel, zudem gibt es auch nicht mehr so viele davon. Und ohne Raupen gäbe es auch keine hübschen Schmetterlinge!

Was krabbelt denn da?

Die Kinder malen die Tiere unten aus und benennen sie. Wer mag, kann den Namen von oben abschreiben und auf der Linie einfügen.

 Spinne

 Regenwurm

 Raupe

 Marienkäfer

 Maikäfer

 Biene

 Ameise

 Schnecke

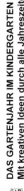

DAS GARTENJAHR IM KINDERGARTEN — Mit kreativen Ideen durch alle Jahreszeiten — Bestell-Nr. 12 251 — KOHL VERLAG

7 Arbeiten nach den Jahreszeiten

Winter – Dezember, Januar, Februar

Dezember

Wenn es kalt und frostig wird beginnt die ruhigere Zeit im Gartenjahr. Pflanzen fallen in den Winterschlaf, Vögel freuen sich über ein Futterhäuschen und Nahrung. Doch vor lauter Weihnachtsvorbereitungen darf man den Garten dann auch mal vergessen!

- Futterplatz für Vögel einrichten. Es gibt Futtersilos, die verhindern, dass das Vogelfutter nass wird oder Vogelkot hinein gerät.
- Am 4. Dezember ist Barbaratag. Schneidet man heute ein paar Zweige vom Apfel-, Kirsch-, Kastanienbaum oder Forsythienbusch und stellt sie im Haus in eine Vase, sollen sie bis zum Heiligen Abend blühen.

Januar

- Gemeinsam planen für die kommende Gartensaison, evtl. Gartenkataloge besorgen.
- Gartenkalender basteln: Eine große Pappe (50 x 70 cm) in 4 Teile einteilen und mit den Jahreszeiten oder Symbolen beschriften. Die Kinder schneiden aus dem Katalog ihre Lieblingsblumen oder Gemüse aus und kleben sie zur passenden Jahreszeit. Im Frühling blühen Osterglocken, es gibt Radieschen, im Sommer Erdbeeren und jede Menge Blumen, im Herbst Astern und Kürbisse. Im Winter blüht das Schneeglöckchen und es wächst (wenn wir Glück haben) der Feldsalat.
- Regelmäßig das Vogelhäuschen auffüllen und neue Meisenknödel in den Büschen aufhängen. Vogelfutter und Meisenknödel lassen sich übrigens ganz leicht selber herstellen, siehe Kapitel 8.
- Sprossen säen – Vitamine im Winter! Siehe Kapitel 8.

Februar

- Wenn kein Frost herrscht, Beete auflockern und Kompost in die Erde einbringen, wo später Gemüse und Blumen gedeihen sollen.
- Einige Blumen säen, die sich gut ab Ende Februar/Anfang März vorziehen lassen: die „Schwarzäugige Susanne", Löwenmäulchen oder Margeriten. An einem warmen hellen Platz können sie drinnen wachsen, bis keine Nachtfröste mehr zu erwarten sind.
- Ab Mitte Februar können Sie bereits Primeln, Krokusse usw. in Pflanzkübel setzen und auf die Terrasse stellen.

- Insektenhotel aufstellen: Bieten Sie Wildbienen, Florfliegen und Co. ein geeignetes Quartier und bringen Sie Ihr Insektenhotel bereits jetzt oder spätestens im März an. Die Nützlinge im Garten erwachen dann zu neuem Leben und können gleich einziehen.
  Tipp: Lassen Sie es dann auch über den nächsten Winter hängen. Es wird gerne als Winterquartier genutzt.

DAS GARTENJAHR IM KINDERGARTEN

Lernen mit Erfolg

7 Arbeiten nach den Jahreszeiten

Frühling – März, April, Mai

März

- Blumen und Gemüse wie Zucchini, Tomaten, Kürbis und Paprika drinnen vorziehen.

- Beerensträucher (Himbeeren und Brombeeren) pflanzen.

- Das Säen kann beginnen. Im Garten säen wir die ersten Radieschen. Auch Pflücksalate können, je nach Sorte, im März in die Erde, genau wie Zuckerschoten, Schnittlauch, Borretsch und Petersilie gepflanzt werden. Letztere kann aber auch mal 4 Wochen brauchen, bis sich ein kleiner Keim zeigt.

April

- Sonnenblumen und andere Sommerblumen säen.

- Direkt ins Freiland dürfen nun z. B. Zuckererbsen, Radieschen und Möhren, Pflücksalat, Spinat und Zwiebeln.

- Auch Kartoffeln kommen nun in die Erde, man sagt, sie werden „gelegt". Ein alter Spruch sagt allerdings: Legst mich im April, komm ich, wann ich will. Legst mich im Mai, komme ich glei(ch).

- Aussaaten vereinzeln und eintopfen: Damit sich Pflänzchen prächtig entwickeln können, erhält jede Pflanze ihr eigenes Anzuchttöpfchen und damit ausreichend Platz und Nährstoffe.

- Unkräuter jäten: Bekämpfen Sie die Unkräuter in Ihrem Garten bereits, bevor sie aussamen können. Auch Wurzelunkräuter lassen sich im April noch relativ leicht samt Wurzel aus der Erde ziehen.

Mai

Der Mai ist der Monat der Eisheiligen. (11. Mai bis 15. Mai) Bevor diese fünf Tage nicht vorüber sind, werden empfindliche Sommerblumen und vorgezogenes Gemüse wie Tomaten, Paprika, Kürbis und Zucchini besser nicht ins Freie gesetzt.

- Säen: Sommerblumen wie Ringelblume, Sonnenblume, Kapuzinerkresse, Strohblumen, Glockenblume …

- Für Erbsen und Bohnen, verschiedene Kohlsorten wie Blumenkohl, Brokkoli oder Kohlrabi, für Zucchini, Gurken und Möhren, Kürbisse, verschiedene Salate und allerlei Gewürze ist nun die Zeit gekommen, sie direkt ins Beet zu säen.

- Das verwelkte Laub der Frühblüher (Tulpe, Osterglocke …) wird im späten Frühjahr zurück geschnitten.

DAS GARTENJAHR IM KINDERGARTEN – Mit kreativen Ideen durch alle Jahreszeiten – Bestell-Nr. 12 251

7 Arbeiten nach den Jahreszeiten

Sommer – Juni, Juli, August

Juni

- Gießen und Düngen, Unkraut jäten. Es tut allen Pflanzen gut, wenn der Boden rundum mit einer kleinen Harke aufgelockert wird.

- Aber auch zum Säen ist es noch nicht zu spät: Bohnen und Radieschen, Gurken und Blumenkohl, Möhren und Brokkoli, Spinat und verschiedene Salate, Kürbisse und Zucchini und eine ganze Reihe Kräuter können u. a. im Juni direkt ins Freiland gesät werden (die Empfehlungen zur Saatzeit auf der Saatgut-Tüte beachten).

- Anfang Juni ist es auch noch früh genug um Kapuzinerkresse oder Sonnenblumen, Klatschmohn oder Ringelblume zu säen.

- Vorschläge für die Zweijährigen, die jetzt gesät werden können und dann nächstes Jahr blühen: Vergissmeinnicht, Stiefmütterchen, Gänseblümchen und Blaukissen.

- Erdbeeren und Radieschen ernten, evtl. Erdbeermarmelade kochen.

- Die Ernte von Erbsen und Möhren, Blumenkohl und verschiedener Salate, Kohlrabi und Frühkartoffeln sowie Beerenobst steht an.

Juli

- Pflücksalat und Radieschen neu säen.

- Ernte verarbeiten.

- Vogeltränken aufstellen: Es ist trocken, warm und heiß, die Piepmätze haben Durst und freuen sich über ein ausgiebiges Bad in den Morgen- oder Abendstunden. Vogeltränke an einem geschützten Ort und nicht direkt in der Sonne aufstellen.

August

- Blumen und Kräuter trocknen.

- Die Samen der Sommerblumen sammeln, trocknen, in Tüten oder Gläser packen und beschriften!

- Nun können Bohnen geerntet werden, verschiedene Salate, Gurken, Blumenkohl und Brokkoli, Kräuter, Möhren und vieles mehr.

- Auch Tomaten, Zucchini, Paprika, Auberginen, die gemeinsam mit verschiedenen Kräutern die Zutaten für ein leckeres Ratatouille sein können!

- An Tomatenpflanzen das Ausgeizen nicht vergessen und die Pflanzen nun durch das Abschneiden frischer Triebe am weiteren Wachstum in die Höhe und damit an der Ausbildung immer neuer Blüten hindern.

- Wo Lücken im Gemüsebeet entstanden sind, kann natürlich gleich Neues gesät werden, wie wäre es mit einer Gründüngung von Lupinen?

- Jetzt kann man auch den ersten Feldsalat säen.

DAS GARTENJAHR IM KINDERGARTEN

Lernen und Erfolg

Herbst – September, Oktober, November

September

- Bohnen oder Erbsen, Gurken oder die im Herbst so beliebten Kürbisse, Zucchini, Salate, Radieschen, Tomaten, Paprika und vieles kann nun geerntet werden.

- Im Vorfrühling und Frühjahr blühende Pflanzen wie Krokusse, Narzissen, Tulpen, Hyazinthen und Schneeglöckchen werden von September bis Anfang November gepflanzt, solange der Boden im Herbst nicht gefroren ist. Osterglocke, Tulpe und Co. haben dabei einen entscheidenden Vorteil: Ihre Zwiebeln sind winterfest und können, einmal vergraben, dauerhaft in der Erde bleiben. Wo sie in Gefahr sind, von Wühlmäusen gefressen zu werden, am besten in einem schützenden Körbchen einpflanzen.

- Verblühte Köpfe von Sonnenblumen sehen nicht besonders schön aus, werden im Winter aber dankbar von Vögeln als Futter angenommen!
  Man kann die Sonnenblumen abschneiden und geschützt vor Feuchtigkeit kopfüber an einem warmen, trockenen, luftigen Ort aufhängen. Im Winter werden sie wieder draußen aufgehängt.

Oktober

- Äpfel und letzte Brombeeren, aber auch viele Gemüsesorten – zum Beispiel Kürbisse – sind nun reif zum Genießen oder Weiterverarbeiten.

- Ein großer Spaß für Kinder: Die selbst geschnitzte Laterne aus dem ausgehöhlten Kürbis, die mit einem Teelicht am Tag vor Allerheiligen im Garten erstrahlen kann.

- Bevor die fast roten Tomaten in einer kalten Nacht Schaden nehmen, sollten sie besser rechtzeitig gepflückt und ins Warme gebracht werden. Die grünen Tomaten ganz einfach in Zeitungspapier einwickeln. So verpackt kommen sie in einen warmen Raum, ideal sind 18 - 20 Grad. Sie reifen in einigen Tagen.

- Tomatenkerne trocknen auf einem Filterpapier. Dann können sie nächstes Frühjahr mit dem Papier portionsweise in kleinen Töpfen vorwachsen.

November

- Frostempfindliche Pflanzen abdecken oder nach innen holen.

- Die Gartengeräte werden ordentlich gereinigt und können so bis zu ihrem nächsten Einsatz im kommenden Frühjahr den Winter im Keller verbringen.

DAS GARTENJAHR IM KINDERGARTEN – Bestell-Nr. 12 251
Mit kreativen Ideen durch alle Jahreszeiten

8   Zusatzmaterial – weitere Ideen

Sprossen haben immer Saison

Kein noch so frisch geerntetes Gemüse kann die Sprossen schlagen. Sie liefern viele Vitamine und Mineralien. Die Samen können das ganze Jahr über z. B. auf der Fensterbank ganz einfach gezogen werden. Alles was man braucht ist ein Keimgefäß, Wasser und natürlich die Keimsaaten.

In jedes Keimglas (oder Schüsselchen) füllt man eine Handvoll Samen und gibt so viel Wasser hinzu, dass die Samen bedeckt sind und darin über Nacht quellen können. Am nächsten Tag schüttet man das Wasser weg, spült die Samen (am besten in einem Sieb) und gibt sie dann ohne Wasser in die Keimgläser zurück. Viele Sprossen kann man bereits nach 24 Stunden essen, z. B. Mungobohnensprossen, Sonnenblumensprossen oder Getreidekeimlinge.

Hier die 5 Regeln, die man befolgen sollte:

- Keimlinge regelmäßig (mind. zweimal täglich) mit frischem Wasser spülen.
- Die Keimlinge sollen feucht bleiben, aber nicht im Wasser liegen.
- Die beste Temperatur ist normale Raumtemperatur.
- Die Keimlinge brauchen viel Platz zum Atmen – den Keimbehälter nicht zu voll machen.
- Fertig gekeimte Sprossen kann man abgedeckt einige Tage im Kühlschrank aufbewahren.

Gebratene Mungobohnensprossen

Ihr braucht:

- 300 g Mungobohnensprossen
- 2 Frühlingszwiebeln
- 1 rote Chilischote
- ½ TL Salz
- ½ TL Zucker
- 1 EL Sojasauce
- ½ TL Sesamöl
- 1 EL Öl

Dazu passen Reis oder Nudeln, evtl. Mango- oder süße Chilisoße.

So geht es:

- Sprossen waschen und gut abtropfen lassen.
- Frühlingszwiebeln putzen, waschen und in etwa 3 cm lange Stücke schneiden.
- Chilischote waschen, längs halbieren, entkernen und in dünne Streifen schneiden.
- Salz, Zucker, Sojasauce und Sesamöl in einer kleinen Schüssel verrühren.
- Den Wok erhitzen, Öl hineingeben.
- Sprossen, Chili und Frühlingszwiebeln zufügen und bei starker Hitze etwa 2 Minuten unter Rühren braten.
- Die Sojasaucenmischung zugeben und unterrühren. Das Sprossengemüse warm oder kalt servieren.

DAS GARTENJAHR IM KINDERGARTEN

Vogelfutter für den Winter

Zum Vorlesen:

Wenn es draußen geschneit hat und alles gefroren ist, finden unsere Vögel nichts mehr zu fressen. So freuen sie sich, wenn wir ihnen Futter geben. Genau wie ihr haben auch Vögel ihre Lieblingsspeisen. Manche mögen lieber Körner, andere fressen lieber weiches Futter wie Haferflocken und Obst. Finken und Spatzen sind Körnerfresser. Sie mögen Sonnenblumenkerne, aber auch Haferflocken und gehackte Nüsse. Amseln und Rotkehlchen sind Weichfutterfresser. Sie mögen Früchte und Insekten, aber auch Haferflocken und gehackte Nüsse. Meisen fressen Körner und Weichfutter. Sie mögen Meisenringe oder Meisenknödel. Vogelfutter ist ganz einfach selber herzustellen:

Körnermischung

Für Körnerfutter könnt ihr Sonnenblumenkerne, grobe Haferflocken, gehackte Walnüsse, Erdnüsse, Kürbiskerne, Rosinen und vieles mehr vermischen. Ihr könnt die eigene Mischung natürlich auch zusammen mit gekauftem Körnerfutter ins Vogelhaus geben. Futtersilos (Futterspender) sind besser als das Futter auf den Boden des Futterhäuschens zu streuen. So wird das Futter nicht durch Kot verunreinigt oder nass und schimmelig.

Fetttfutter

Ihr braucht:

- einen Blumentopf, einen Stab, ca. 40 cm
- Kordel zum Aufhängen
- 500 g Rindertalg
- 500 g Kleie
- 300 g Sonnenblumenkerne und Hirse
- 1 Esslöffel Salatöl (damit der Talg bei Frost nicht zu hart wird)

So geht es:

- Rindertalg erwärmen, aber nicht kochen, Kleie einrühren.
- Salatöl, Sonnenblumenkerne und Hirse einrühren.
- Fülle die Masse in einen Blumentopf.
- Stecke den Stab als Anflughilfe hinein.
- Vergiss die Kordel zum Aufhängen nicht!
- Hänge das Futter an einer geschützten Stelle auf.
- Viel Spaß bei der Beobachtung der kleinen Gäste – und Geduld!

Meisenherzen

Ihr könnt den erkalteten Grundteig auch ausrollen und mit den Plätzchenausstechern lustige Formen wie Herzen, Sterne oder Tannenbäume herstellen. In die Mitte stecht ihr ein Loch, damit ihr die Vogelplätzchen auch ohne Netz an einer Schnur aufhängen könnt.

DAS GARTENJAHR IM KINDERGARTEN – Bestell-Nr. 12 251
Mit kreativen Ideen durch alle Jahreszeiten
KOHL VERLAG

8 Zusatzmaterial – weitere Ideen

Nistkästen

Damit die gefiederten Gäste den eigenen Garten nicht nur als Futter-, sondern auch als Brutplatz auswählen, sind Nisthäuschen eine Einladung an die Vögel. Je nach Vogelart gibt es verschiedene Größen, Materialien und Einfluglöcher. Wichtig ist: Sie sollten an einem geschützten Platz aufgehängt und vor dem Einzug der Vögel gründlich gereinigt werden.

Mit Bausätzen lassen sich einfache Häuschen aus Holz schon von Kindern mit wenig Hilfe bauen und anschließend bemalen.

Avocadobäumchen züchten

So geht es:

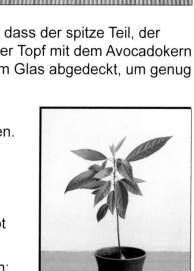

- Löse den Avocadokern aus der Avocado, wasche ihn gut und lasse ihn trocknen.

- Bohre anschließend drei Zahnstocher etwa auf halber Höhe seitlich in den Avocadokern.

- Hänge danach den Avocadokern mit der spitzen Seite nach oben so in ein Glasgefäß mit Wasser, dass das untere Ende der Avocado im Wasser liegt.

- Die Zahnstocher dienen dabei als Halterung und liegen am Rand des Glasgefäßes auf.

- Nach etwa drei bis zehn Wochen hat der Avocadokern mehrere Wurzeln entwickelt, und du kannst ihn in ganz normale Blumenerde einpflanzen. Wichtig dabei ist, dass der spitze Teil, der oberhalb der Zahnstocher war, nicht mit Erde bedeckt ist. Der Topf mit dem Avocadokern wird dann mit einer durchsichtigen Plastiktüte oder mit einem Glas abgedeckt, um genug Luftfeuchtigkeit zu erzeugen.

- Regelmäßig gegossen und an einem hellen Ort bei über 20 Grad aufgestellt, beginnt der Avocadokern bald zu keimen. Sobald die Pflanze ein paar grüne Blätter hat, kann die Abdeckhaube entfernt werden und das Avocadobäumchen an seinen endgültigen Standort gebracht werden. Soll die Avocado sich verzweigen, kann dieser Trieb bei einer gut eingewurzelten Pflanze in etwa 30 Zentimeter Höhe gekappt werden, um den Austrieb der Seitenknospen anzuregen.

- Die Avocado verarbeiten wir zu einem leckeren Brotaufstrich: Mit Zitronensaft, Salz, Pfeffer, 1 gepressten Knoblauchzehe und 50 g Frischkäse im Mixer pürieren. Schmeckt prima zu Baguette und Vollkornbrötchen.

8 | Zusatzmaterial – weitere Ideen

Bildgeschichte: Max sät und pflanzt Tomaten

- Die Kinder malen den kleinen Gärtner farbig an und berichten über die einzelnen Arbeitsschritte.

- Für „Fortgeschrittene" können die Bilder ausgeschnitten, gemischt und von den Kindern in der richtigen Reihenfolge angeordnet werden.

Naturmemory – Gemüse, Kräuter und Blumen

Wenn im Garten alles grünt und blüht, kann man mit einem Spiel die Beobachtungsgabe der Kinder fördern.

Ihr braucht:
- pro Gruppe (3 - 5 Kinder) einen Plastikbecher mit Wasser
- Blumen, Kräuter, Blätter vom Gemüse – was der Kindergarten hergibt – etwa 5 - 6 verschiedene Dinge

So geht es:
- Die Kinder werden in Kleingruppen aufgeteilt und bekommen jeweils ein Glas mit Pflanzen, das sie sich in Ruhe anschauen.
- Zusammen laufen die Kinder dann in den Garten, um die gleichen Pflanzen wie in ihrem Glas zu finden.
- Sieger ist die Gruppe, die zuerst alle Pflanzen gefunden hat.

Natürlich kommen die Blumen nun in eine Vase und die „Ernte" wird aufgefuttert!

Bestell-Nr. 12 251

DAS GARTENJAHR IM KINDERGARTEN
Mit kreativen Ideen durch alle Jahreszeiten

KOHL VERLAG

Lohn für die Arbeit und Mühe: Möhrenpuffer mit Joghurtsauce

Für 4 Personen, Zubereitungszeit: ca. 25 Minuten

Ihr braucht:

- 500 g Möhren
- 100 g Kartoffeln
- 100 g Haselnüsse
- 2 Eier
- 50 - 60 g Weizen, fein gemahlen
- 1 Tl Orangenschale, abgerieben
- 1 Prise Meersalz, jodiert
- 20 g Sonnenblumenöl
- 300 g Joghurt
- 150 g saure Sahne
- 1 El Honig oder Ahornsirup
- 1 Tl Zimt

So geht es:

- Geputzte Möhren und Kartoffeln fein raffeln, Haselnüsse fein reiben.
- Die Eier verquirlen, mit Gemüse, Nüssen, Weizenvollkornmehl, Orangenschale und Salz mischen.
- Eventuell noch etwas mehr Vollkornmehl zugeben, bis die Masse formbar ist.
- Mit den Händen runde Puffer formen und in der Pfanne oder auf einem gefetteten Backblech bei mäßiger Hitze backen.
- Für die Sauce Joghurt und saure Sahne glattrühren, mit Honig oder Ahornsirup und Zimt abschmecken.

Tomatenketchup selber machen

Ihr braucht:

- 1,2 kg Tomaten
- 2 Zwiebeln
- 4 Knoblauchzehen
- 1 Zweig Rosmarin
- 1 Zweig Thymian
- 4 EL Olivenöl
- 100 g Rohrzucker
- 0,5 TL Zimt
- 1 Msp. Nelke (gemahlen)
- 1 Msp. Cayennepfeffer
- 150 g Tomatenmark
- 100 ml Weißweinessig
- Salz und Pfeffer

So geht es:

- Tomaten waschen und die Stielansätze entfernen. Tomaten halbieren und grob würfeln. Zwiebeln und Knoblauch schälen und hacken.

- Kräuter waschen und trocken schütteln. Das Öl erhitzen, Zwiebeln und Knoblauch darin glasig dünsten. Zucker und Tomaten zugeben.

- Alles pürieren. Mit Gewürzen und Kräutern würzen, dann 30 Min. köcheln lassen. Durch ein Sieb streichen. Sauce, Tomatenmark und Essig verrühren, in ca. 15 Min. einkochen lassen. Salzen, pfeffern und in eine Flasche füllen. Gut verschließen.

DAS GARTENJAHR IM KINDERGARTEN

Mandala zu den Jahreszeiten

- Die Kinder malen das Mandala aus.

- Die Kleinen können auf einem großen Blatt weiteres Obst, Gemüse oder auch Tiere malen, die zu Frühling, Sommer, Herbst und Winter passen.

DAS GARTENJAHR IM KINDERGARTEN
Mit kreativen Ideen durch alle Jahreszeiten   –   Bestell-Nr. 12 251

KOHL VERLAG

Sudoku

Die Kärtchen rechts werden ausgeschnitten und so in das Sudoku eingefügt, dass in jeder Reihe jedes Tierchen einmal vertreten ist.

 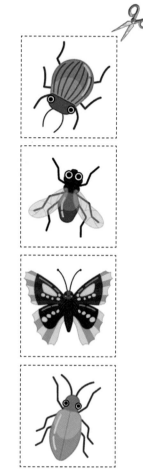

Lösungen

1 **Vorbereitungen – Obst und Gemüse – kennt ihr euch aus?**

Zum Obst gehören: Erdbeeren, Apfel, Himbeeren, Birne, Pfirsich, Weintrauben, Kirschen
Zum Gemüse gehören: Salat, Möhre, Paprika, Tomaten, Erbsen, Bohnen, Gurke, Zwiebel, Zucchini, Kohlrabi, Blumenkohl, Kürbis, Lauch

5 **Die Blumen – die Frühblüher**

8 **Zusatzmaterial – Sudoku**

Schneeglöckchen	Krokus	Tulpe
Osterglocke	Veilchen	Primel